Alfried Krupp von Bohlen und Halbach-Stiftung / Anne Stoll

Joachim Mohr und Eva-Maria Schnurr (Hg.)

DAS GEHEIMNIS DES ERFOLGS

Joachim Mohr und
Eva-Maria Schnurr (Hg.)

DAS GEHEIMNIS DES ERFOLGS

Deutsche Wirtschaftsdynastien und ihr Weg zu Macht und Weltruhm

Ein SPIEGEL-Buch

Mit Beiträgen von

Johannes Bähr, Christoph Gunkel, Ruth Hoffmann, Katja Iken,
Michael Kißener, Uwe Klußmann, Armin Mahler, Joachim Mohr,
Frank Patalong, Martin Pfaffenzeller, Simone Salden,
Eva-Maria Schnurr, Johannes Saltzwedel, Joachim Scholtyseck,
Benno Stieber, Volker Weidermann, Klaus Wiegrefe

Deutsche Verlags-Anstalt

Sollte diese Publikation Links auf Webseiten Dritter enthalten, so übernehmen wir für deren Inhalte keine Haftung, da wir uns diese nicht zu eigen machen, sondern lediglich auf deren Stand zum Zeitpunkt der Erstveröffentlichung verweisen.

Die Texte dieses Buches sind erstmals in dem Magazin »Dynastien der deutschen Wirtschaft. Ihr Aufstieg, ihr Reichtum, ihre Skandale« (Heft 4/2020) aus der Reihe SPIEGEL Geschichte erschienen.

MIX
Papier aus verantwortungsvollen Quellen
FSC® C014496
www.fsc.org

Klimaneutral*
Druckprodukt
ClimatePartner.com/14044-1912-1001

Penguin Random House Verlagsgruppe FSC® N001967

1. Auflage

Umschlaggestaltung: Büro Jorge Schmidt, München
Umschlagabbildungen Vorderseite (beginnend v. o. l.): Imagno/Hulton Archive/Getty Images; © Christie's Images/Bridgeman Images; picture-alliance/dpa/Boris Roessler; akg-images/Interfoto; Heritage Images/Hulton Archive/Getty Images; © SZ Photo/Scherl/Bridgeman Images
Umschlagabbildungen Rückseite: Imagno/Hulton Archive/Getty Images
Satz: Vornehm Mediengestaltung, München
Druck und Bindung: GGP Media GmbH, Pößneck
Printed in Germany
ISBN 978-3-421-04886-8

www.dva.de

INHALT

Vorwort 11

»Der familiäre Zusammenhalt garantierte den Erfolg« 15

Der Historiker Werner Plumpe erklärt im Gespräch die Herausforderungen für Unternehmerdynastien – und warum nur wenige langfristig erfolgreich sind.

Ein Interview von Joachim Mohr und Eva-Maria Schnurr

Vom Urururururururururururururururgroßvater 29

The Coatinc Company ist das älteste Familienunternehmen Deutschlands.

Von Joachim Mohr

Immer treu 36

Die lombardische Familie Tassis revolutionierte die Post und wurde dank der Nähe zum Kaiser reich.

Von Benno Stieber

Als dem Engel Flügel wuchsen 45

Eine Apotheke in Darmstadt gilt als Keimzelle des Pharmaunternehmens Merck. Zu Recht?

Von Michael Kißener

Die Frau, die es rausriss 51

Jüdische Unternehmer waren oft benachteiligt. Der Hamburger Familie Warburg gelang der Aufstieg gegen Widerstände.

Von Ruth Hoffmann

»Veredelnd einwirken« 64

Im Jahr 1913 beschrieb eine Broschüre die Sozialleistungen beim Keramikwarenhersteller Villeroy & Boch. Dabei ist das patriarchale Denken der Eigentümer spürbar.

Mit kleinen Heften zur Weltmarke 66

Noch heute zehrt der Reclam-Verlag von der Geschäftsidee seines Gründers.

Von Johannes Saltzwedel

Der einsame Patriarch 74

Der mächtige Stahlbaron August Thyssen hinterließ in seiner Familie einen Scherbenhaufen.

Von Frank Patalong

»Verbrechen gegen das Volk« 87

Fritz Thyssen unterstützte die Nazis. Bei Kriegsbeginn allerdings wandte er sich von Hitler ab – und kam ins KZ.

Von Uwe Klußmann

»Lieber Geld verlieren als Vertrauen« 90

Als Robert Bosch, der wohl sozialste unter Deutschlands Konzerngründern starb, war die zukünftige Form seiner Firma unklar.

Von Johannes Bähr

Hinaus in die Welt 102

Viele deutsche Familienfirmen sind seit Generationen im Ausland aktiv. Sie profitierten vom Weltmarkt – und er von ihnen.

Von Armin Mahler

Die Chefinnen 113

Einige Frauen übernahmen die Leitung in Familienkonzernen, andere begründeten selbst eine Familiendynastie.

Ganz oben 117

269 Zimmer, ein riesiger Park und über 600 Bedienstete: In der Villa Hügel umschmeichelten die Krupps ihre Kunden.

Von Martin Pfaffenzeller

»Gehen Sie jeden Tag in die Fabrik!« 128

Bertha Krupp war erst 16, als sie 1902 das Unternehmen ihres Vaters erbte.

Von Katja Iken

Das Wunder am Ende der Welt 134

Familienunternehmen prägten nicht nur die Wirtschaft, sondern gründeten ganze Städte – zum Beispiel Leverkusen.

Von Christoph Gunkel

Ohne Skrupel 145

Günther Quandt machte aus einer mittelständischen Firma einen Weltkonzern. Dabei verlor er jeden ethischen Maßstab.

Von Joachim Scholtyseck

»Naive Schutzbehauptung« 156

Der Historiker Constantin Goschler erklärt, warum Unternehmen sich so lange vor Entschädigungen für Zwangsarbeiter drückten.

Ein Interview von Klaus Wiegrefe

Faustischer Pakt 165

Die Familien Porsche und Piëch wurden dank der Unterstützung eines mächtigen Mannes groß: Adolf Hitler.

Von Uwe Klußmann

»Du gibst eher zu viel ab« 180

Wie läuft der Generationenübergang in einem Familienbetrieb? Ein Vater und seine Tochter über Pflichtgefühl und Stolz.

Ein Interview von Joachim Mohr und Eva-Maria Schnurr

Nicht zu viel vertrauen. Kontrollieren. 189
Der Clan hinter C&A hält an Traditionen fest – obwohl diese das Geschäft gefährden.
Von Simone Salden

Jesus und der Professor 200
Der Schraubenmilliardär Reinhold Würth beauftragte einen Hippie-Schriftsteller mit einer Biografie.
Von Volker Weidermann

Die bekanntesten Familienfirmen im Supermarktregal 209
Kulinarische Traditionsunternehmen, die uns schon lange begleiten

Deutsche Wirtschaftsdynastien im Porträt 213

ANHANG

Chronik von 1150 bis heute 234
Buchempfehlungen 242
Autor*innenverzeichnis 246
Dank 248
Personenregister 249
Bildnachweis 255

VORWORT

Am Anfang stand eine gute Geschäftsidee, hinzu kamen geschicktes Wirtschaften, günstige Umstände und vor allem Nachfahren, die willig wie auch fähig waren, die Firma ihrer Vorfahren erfolgreich fortzuführen – so entstanden Unternehmerdynastien mit Namen, die heute noch jeder kennt: Fugger, Reclam, Miele, Faber-Castell, Quandt, Thyssen, Henkel, Bosch und viele mehr.

Das ist die Kurzfassung. In der Langfassung sind die Geschichten der großen deutschen Familienunternehmen oftmals verwickelter – nicht zuletzt, weil es mit der Verwandtschaft ja fast immer kompliziert ist. Selten war die erste Geschäftsidee jene, mit der eine Firma groß wurde. Bisweilen sorgte erst ein heller Kopf einer späteren Generation für den entscheidenden Schub, wie etwa beim Pharmaunternehmen Merck. Und nicht selten lief der Übergang zu den Nachfolgenden sehr viel konfliktreicher ab, als die Firmenchroniken es suggerieren. Der mächtige Stahlbaron August Thyssen beispielsweise hinterließ seiner Familie schlicht einen Scherbenhaufen.

In nicht wenigen Fällen brachte erst die Nähe zu Macht und Politik den Aufstieg so richtig in Schwung, wie bei Krupp oder bei Porsche. Stahlunternehmer Alfred Krupp umschmeichelte Kaiser Wilhelm II., den er gern in seine gigantische Villa Hügel in Essen einlud. Der Kaiser soll bei seinem ersten Besuch dort ob des immensen Luxus »unjlaublich« gerufen haben. Der Autokonstrukteur Ferdinand Porsche suchte gezielt die Nähe des nationalsozialistischen Diktators Adolf Hitler, um seinen Traum vom Auto, vom Volkswagen, verwirklichen zu können. Er trat nicht nur in die NSDAP ein, sondern ließ sich von Hitler den »Nationalpreis« verleihen und 1939 zum Leiter der Panzerkommission ernennen.

Dieses Buch erzählt facettenreich von den großen Familien der deutschen Wirtschaft. Es berichtet davon, wie diese Familien reich und mächtig wurden, welche Streitigkeiten sie auszustehen hatten – und wo sie scheiterten. Familienunternehmen seien die Urform aller Unternehmen, sagt der Wirtschaftshistoriker Werner Plumpe im Gespräch. Und für ihn ist klar: »Der familiäre Zusammenhalt garantiert den Erfolg.« Gleichzeitig müssten die Eigentümer stets fähig sein, den oft radikalen »technischen Wandel und den der Märkte mit zu vollziehen«.

Beeindruckend ist, wie es einigen Familien gelang, ihr Unternehmen über viele Generationen und große gesellschaftliche Umbrüche hinweg selbst zu führen. So macht The Coatinc Company, das älteste Familienunternehmen Deutschlands, seit mehr als 500 Jahren in Eisen und Stahl. Paul Niederstein, der die Firma heute in der 17. Generation leitet, sagt: »Meine Vorfahren hatten es mit Pest und Weltkriegen zu tun. Zu wissen, dass die früheren Generationen schon große Herausforderungen gemeistert haben, gibt einem Zuversicht.«

Aufschlussreich ist es auch, nachzuvollziehen, wie sehr die großen Dynastien Wirtschaft und Gesellschaft des Landes geprägt haben: Der Chemiekonzern Bayer gründete gar eine Stadt, nämlich Leverkusen. Das Unternehmen Bosch setzte neue Standards bei modernen und sozialen Arbeitsbedingungen. Firmen wie Bahlsen, Niederegger oder Kühne wiederum vertrieben und vertreiben Produkte, die sich teilweise seit über 100 Jahren in vielen Haushalten finden. Wie diese enormen Leistungen den Unternehmen gelingen konnten, das lesen Sie auf den folgenden Seiten.

Wir wünschen Ihnen eine spannende, erhellende und unterhaltsame Lektüre!

Hamburg, im Juni 2021
Joachim Mohr und Eva-Maria Schnurr

»DER FAMILIÄRE ZUSAMMENHALT GARANTIERTE DEN ERFOLG«

Der Historiker Werner Plumpe erklärt im Gespräch, vor welchen Herausforderungen Unternehmerdynastien im Laufe der Jahrhunderte standen – und warum nur wenige von ihnen überdauerten.

Ein Interview von Joachim Mohr und Eva-Maria Schnurr

SPIEGEL: Herr Plumpe, am Ende des Mittelalters hatten sich im Heiligen Römischen Reich bedeutende Kaufmannsgeschlechter wie etwa die Fugger in Augsburg etabliert. Waren das die ersten deutschen Familienunternehmer?

Plumpe: Es kommt darauf an, wie man Unternehmen definiert. Die Familie ist so etwas wie die Keimzelle aller wirtschaftlichen Tätigkeiten, Familie und wirtschaftlicher Betrieb waren ganz früh schon eine Einheit. Die Grundfrage war immer: Wie kann die Familie wirtschaftlich überleben?

SPIEGEL: Auf einem Bauernhof mussten eben alle mitarbeiten …

Plumpe: … und ebenso bei Handwerkern und Kaufleuten. Auch Händler wie der Schwabe Jakob Fugger, genannt der Reiche, setzten ihre Familien in der Zeit um 1500 in ihren

Unternehmen ein. Verwandtschaftliche Netzwerke halfen sich mit Geld, Kontakten und Arbeitskraft, da wurde gezielt mit Blick auf den materiellen Nutzen geheiratet. Natürlich spielte es schon damals eine große Rolle, Gewinn zu machen. Doch das eigentliche Unternehmensziel war die Aufrechterhaltung und Versorgung der Familie.

SPIEGEL: Das Familienunternehmen ist somit die Urform des Unternehmens?

Plumpe: Das kann man so sagen. In Italien gibt es die schöne literarische Überlieferung der Libri di famiglia. Das sind dicke Familienbücher, die in den Kaufmannshäusern Norditaliens, etwa in Venedig, geführt wurden. Die ältere Generation hielt darin ihr wirtschaftliches Wissen, im Grunde ihr ganzes Weltwissen fest, eine Mischung aus Lebensregeln, religiösen Vorschriften, aber auch von kaufmännischen und anderen Praktiken, die an die nächste Generation weitergegeben wurden. Eine enge Verbindung von Familie und Unternehmen ist bis weit ins 19. Jahrhundert hinein vorherrschend. Und in Deutschland eigentlich bis heute: Von den kleinen und mittleren Unternehmen sind noch heute die allermeisten Familienunternehmen.

SPIEGEL: Warum haben einige der frühen Unternehmen bis heute Bestand und andere nicht?

Plumpe: Der große Bruch fand zwischen dem 18. und 19. Jahrhundert statt. Mit der industriellen Revolution begann die kapitalistische Massenproduktion von Gütern und Dienstleistungen. Die stellte die herkömmlichen Formen handwerklichen und kaufmännischen Handelns infrage. Nun musste enorm viel Kapital mobilisiert werden, große Produktionsstätten entstanden. In dieser Zeit fiel die bis dahin übliche Identität von Werkstatt, Wohnung und Familie auseinander – nun entstand etwas Neues außerhalb der Familie.

SPIEGEL: Bedeutete das für viele der früheren Familienfirmen den Untergang?

Plumpe: Unzählige Handwerks- oder Kaufmannsbetriebe verschwanden einfach. Allerdings gingen die Gründer neuer Unternehmen zu Beginn der Industrialisierung häufig aus Familien hervor, die auch schon vorher erfolgreich waren. Wenn Kapital vorhanden war, technisches und kaufmännisches Wissen existierte, dann waren die Bedingungen gegeben, um auch in moderneren Unternehmensformen wirtschaften zu können.

SPIEGEL: Schon im 17. und 18. Jahrhundert gab es Vorläufer der Massenproduktion: die Manufakturen, die mit staatlichen Privilegien Monopole schufen, und das Verlagssystem, bei dem Kaufleute die Massenproduktion bestimmter Produkte dezentral organisierten. Welche Form war für die Entwicklung von Familienunternehmen wichtiger?

Plumpe: Ganz klar das Verlagssystem. Die Manufakturen im deutschen Raum gingen nach der napoleonischen Zeit fast alle unter, als sie Konkurrenz aus anderen Ländern bekamen. Im Verlagssystem hingegen konnten einzelne Familien überaus erfolgreich werden. Im Textilgewerbe beispielsweise banden Kaufleute ländliche Spinner und Weber an sich, nahmen ihnen ihre Waren ab und vertrieben diese dann weltweit. So mussten die Kaufleute keine eigenen großen Produktionsstätten errichten. Aus diesem Verlagssystem entstanden im 19. Jahrhundert nicht selten die Vermögen, mit denen dann Unternehmen in unserem heutigen Sinn gegründet wurden. Ein schönes Beispiel hierfür ist die Familie Harkort aus dem Hagener Raum, die die Verbindung älterer Verlagsstrukturen zur modernen Montanindustrie an der Ruhr geradezu idealtypisch verkörpert. Die Familie nahm lokalen Schmieden ihre Eisenwaren ab und vermarktete diese. Friedrich Harkort, der lange als Vater des

Ruhrgebiets galt, entstammt dieser Familie und setzte deren Tätigkeit fort.

SPIEGEL: Aus solchen Unternehmungen entwickelten sich also Familiendynastien?

Plumpe: Sie entstanden immer dann, wenn eine Generation Vermögen erwirtschaftete, das die nächste Generation in Erfolg versprechende Projekte investierte. So war es etwa bei der Familie Rothschild in Frankfurt am Main. Amschel Mayer von Rothschild machte Anfang des 19. Jahrhunderts als Bankier ein großes Vermögen und sagte sich dann: Ich habe fünf Söhne, die schicke ich jetzt an die Hotspots der derzeitigen Finanzwelt, damit sie das Unternehmen weiterführen. Die Söhne gingen unter anderem nach Wien, London und Paris und haben dort Geldgeschäfte gemacht, einige haben auch noch gut geheiratet. Das ist ein typischer Fall, wie eine frühindustrielle Dynastie entsteht.

SPIEGEL: Das kapitalistische Wirtschaftssystem, das im 18. Jahrhundert entstand, verband marktwirtschaftliche Strukturen mit kapitalintensiver Güterproduktion. Wie wirkte sich dieser Wandel auf Familienunternehmen aus?

Plumpe: Treiber für diese Entwicklung waren das Bevölkerungswachstum und die Verstädterung. Mit den größeren Städten entstanden Massenmärkte, traditionelle Familienfirmen in Handwerk oder Handel waren damit oft überfordert – wenn es ihnen nicht gelang, sich anzupassen. Die Brauereien im niedersächsischen Einbeck sind ein gutes Beispiel.

SPIEGEL: Wie erging es denen?

Plumpe: Brauen war eine ganz traditionelle, an die Familie gebundene häusliche Tätigkeit, meist ausgeübt von Frauen. In kleinen Orten wie in Einbeck hatte fast jedes Haus das Braurecht. Die damaligen Familien hatten aber eine sehr begrenzte

Angebotselastizität, wie man heute ökonomisch sagen würde. Das heißt, sie konnten eine bestimmte Menge brauen, aber mehr auch nicht. Schon Ende des 18. Jahrhunderts fügte man die Braurechte deshalb zu einer Stadtbrauerei zusammen, die einzelnen Familien verloren damit an Bedeutung. Anders verlief die Entwicklung in einer Großstadt wie Amsterdam, die von 200 000 Einwohnern um 1830 auf mehr als 700 000 um 1930 wuchs. Der junge Unternehmer Gerard Heineken stieg 1873 in Amsterdam ins Brauereiwesen ein, mit einer aggressiven Preispolitik konnte er sich durchsetzen und seine Firma zu einer Großbrauerei ausbauen.

SPIEGEL: Woher kam das Kapital für größere Investitionen?

Plumpe: Vor dem 19. Jahrhundert gab es noch keine Finanz- und Kreditmärkte, wie wir sie heute kennen. Deshalb mobilisierte man das Kapital meist in der Verwandtschaft; man fragte die Geschwister, ging zum Onkel, zur Tante.

SPIEGEL: Heute hätte man Angst vor Familienzwist.

Plumpe: Das ist eine moderne Sicht auf die Dinge. Aber über Jahrhunderte hinweg garantierte einzig der familiäre Zusammenhalt den Erfolg eines Familienunternehmens, und der wirtschaftliche Erfolg wiederum stützte den familiären Zusammenhalt. Wenn jemand sich stattdessen an seinem individuellen Nutzen orientierte und etwa die Frage stellte, warum er sich der Familientradition unterwerfen sollte, sprengte das die Grundkonstellation. Dieser Konflikt zwischen Familien- und Unternehmensinteresse auf der einen und persönlichen Zielen auf der anderen Seite wurde erst im 19. Jahrhundert häufiger.

SPIEGEL: Wie gingen die Unternehmerfamilien damit um?

Plumpe: Oft löste sich der Konflikt, wenn die Ehen kinderreich waren. Wenn man acht, neun oder zehn Kinder hatte, von denen vielleicht fünf oder sechs überlebten, fand sich schon einer, der geeignet war, das Unternehmen weiterzuführen. Dann konnte man Kinder, die aus der Art schlugen, etwa Künstler werden wollten, verkraften. Heute ist es für Familienunternehmen ein zentrales Problem, einen geeigneten Nachfolger in der Familie zu finden.

SPIEGEL: Welche Rolle spielte das Erbrecht bei der Frage, ob ein Familienunternehmen bestehen bleibt?

Plumpe: Dass es in Deutschland viel mehr Familienunternehmen gibt als etwa in den USA, liegt an einem Erbrecht, das es ermöglichte, den Besitz und das Vermögen zusammenzuhalten. Wo das sogenannte Anerbenrecht galt, mit dem das Erbe an einen einzigen Erben vererbt wurde, etwa den ältesten Sohn, kam es nicht zur Zersplitterung der Firmen.

SPIEGEL: Mit der Aufklärung begann der Aufstieg des Bürgertums. Begünstigte das die Unternehmer?

Plumpe: Auf jeden Fall. In der Gesellschaft setzte sich ein meritokratisches Denken durch, individuelle Leistung zählte mehr, Familienzusammenhänge wurden weniger bedeutend. So saßen im Parlament der Paulskirche bei der Revolution 1848 nicht zufällig neben Professoren vor allem Unternehmer. Auch auf kommunaler Ebene spielten sie in der Politik eine zentrale Rolle. Das beschränkte Wahlrecht entsprach dem wirtschaftsbürgerlichen Denken: Man sollte gebildet sein, ein bestimmtes Einkommen haben, wenn man politisch partizipieren wollte. Die bürgerliche Emanzipation und der Aufstieg der Unternehmerschaft hängen sehr eng miteinander zusammen. Bis etwa 1870 bildeten die Unternehmer den Kernbestandteil des Bürgertums.

SPIEGEL: Viele Unternehmer verdienten bald aber sehr viel mehr als etwa Professoren. Versuchten sie, dem Adel nachzueifern, oder eher, sich abzugrenzen?

Plumpe: Ihre Lebensführung war bis in die Kaiserzeit hinein sehr bürgerlich: Die Unternehmerfamilien lebten nicht übertrieben luxuriös, gingen zur Kirche und erzogen ihre Kinder eher streng. Ein Beispiel ist Friedrich Engels, der 1820 in eine Elberfelder Spinnereiunternehmer-Familie geboren wurde. Er wurde von der Schule genommen, als er seinen mittleren Abschluss hatte, wurde in die Lehre gesteckt, musste zum Militär. Von großer Welt war da noch nicht viel zu sehen.

SPIEGEL: Engels wurde kommunistischer Revolutionär und brach mit der Familientradition. Wie war es bei Alfred Krupp, der sich ja die palastartige Villa Hügel bauen ließ – wollte der nicht doch mithalten mit den adeligen Häuptern?

Plumpe: Auch Krupp führte ein von Grund auf bürgerliches Leben, die Villa wirkte vor diesem Hintergrund wie ein Donnerschlag, als müsste er plötzlich doch sagen: Guckt mal her, was ich darstelle! Hier zeigt sich auch ein Wandel: Von 1890 an, als große Unternehmen sehr schnell immense Gewinne einfuhren und die Unternehmer persönlich extrem reich wurden, fand eine moderne, am Luxus und Geld orientierte Lebensweise Eingang. Nun trat auch das Religiöse stark zurück.

SPIEGEL: Mussten frühere Unternehmerinnen und Unternehmer eigentlich Alleskönner sein – Techniker, Kaufmann, Personalchef und Vertriebsexperte in einer Person?

Plumpe: Das war sehr lange so, ließ sich von einem bestimmten Punkt an aber nicht mehr aufrechterhalten. Dafür ist wieder Alfred Krupp ein gutes Beispiel. Als dieser 1826 von seinem verstorbenen Vater das Unternehmen übernahm, war der Betrieb so gut wie pleite. Alfred musste sich alles selbst aneignen. Er begann mit etwa zehn Leuten und betrieb die Expansion des Unternehmens zum größten deutschen Unternehmen – bis er Schiffbruch erlitt. Anfang der

1870er-Jahre drohten ihm die Banken, bei denen er hohe Schulden hatte: Du professionalisierst die Leitung deines Unternehmens, oder wir nehmen es dir weg. Bis dahin war die Vorstellung, dass alles in der Familie bleibt. Einer ist der Chef, ein Bruder verantwortet die technische Seite, ein Bruder die kaufmännische, ein Familienmitglied die sozialen Dinge, und einer reist durch die Lande. Aber das funktionierte nun nicht mehr.

SPIEGEL: Waren die Unternehmen zu groß geworden?

Plumpe: Je größer und komplexer die Unternehmen wurden, desto mehr zeigte sich, dass Familien nicht automatisch Horte professioneller Kompetenzen sind. Wenn man Glück hat, findet man dort die nötigen Fähigkeiten, um das Unternehmen zu führen, aber die Regel ist das nicht; insbesondere wenn sich die Produktion verwissenschaftlicht und man komplizierte Finanzierungstechniken beherrschen muss. Denken Sie an Arndt Krupp von Bohlen und Halbach, den man aus dem Unternehmen herauskaufen musste, weil seine Allüren das Geschäft gefährdet hätten.

SPIEGEL: Begann damit der Siegeszug des Managers?

Plumpe: In der Unternehmensgeschichte spricht man davon, dass Eigentum und Kontrolle auseinanderfallen. Bis etwa 1880 lagen familiäres Eigentum und die Kontrolle des Unternehmens fast immer in einer Hand. Bei kleineren Firmen und bei manchen großen ist das bis heute so. Aber bei den meisten großen Kapitalgesellschaften wurden Eigentum und Kontrolle irgendwann getrennt. Bei den wenigen heute noch existierenden großen Familienunternehmen sind die Familien nur noch bei großen strategischen Entscheidungen dabei, etwa bei Oetker, Freudenberg oder Merck.

SPIEGEL: Es kamen familienfremde Leitungspersonen in

die Unternehmen. Sprengte das nicht den Zusammenhalt der Familien?

Plumpe: Die Familien mussten lernen, damit umzugehen. Das Chemieunternehmen Bayer startete als Familienbetrieb, gegründet 1863 von Friedrich Bayer und Johann Friedrich Weskott, einem Farbstoffhändler und einem Färber. Doch schon die zweite Generation stellte fest, dass sie ohne akademisch ausgebildete Chemiker, auch in Führungspositionen, nicht mehr auskamen. 1865 war mit der BASF ein Konkurrent für Bayer gegründet worden, von Anfang an ein nicht familiäres Kapitalmarktunternehmen. Und die setzten Bayer mächtig zu. Ein Familienmodell funktioniert nur, wenn es sich auch als konkurrenzfähig erweist.

SPIEGEL: Betrifft das lediglich die Kontrolle, also die Unternehmensführung, oder auch das Eigentum, den Besitz an der Firma?

Plumpe: Das kann beides betreffen. Ein Beispiel ist Siemens. Der alte Werner Siemens, der den Laden groß gemacht hat, weigerte sich, an die Börse zu gehen. Etwa gleichzeitig gründete Emil Rathenau die Allgemeine Elektrizitätsgesellschaft, AEG, und zwar von Beginn an als dynamisches Kapitalmarktunternehmen. Denn es war von Beginn an klar: Das wird nichts mit einer Dynastie. Emils Sohn Walther hätte zwar gern übernommen, aber jeder wusste, das passte nicht, der sollte lieber Politik machen. Die AEG entwickelte sich sehr viel besser als Siemens. Und als Werner Siemens starb, haben die Erben sofort entschieden, fremdes Kapital ins Haus zu holen und die Firma ebenfalls in eine Aktiengesellschaft umzuwandeln, die am Kapitalmarkt ganz anders auftreten konnte.

SPIEGEL: Welche Bedeutung hatte für Familienunternehmen die Nähe zur Macht? Wie wichtig war es etwa im 19. Jahrhundert, Kontakte bis hinauf zum Kaiser zu haben?

Plumpe: Alfred Krupp hat seine imposante Villa Hügel in Essen natürlich auch gebaut, um einen entsprechenden Eindruck zu erwecken. Später konnte das Unternehmen hier den Kaiser prunkvoll empfangen und beeindrucken – der Staat war ja ein wichtiger Kunde des Hauses. Aber der Rüstungsproduzent Krupp ist nicht typisch für seine Zeit. Sein größter Konkurrent August Thyssen hielt Distanz zum Kaiser und seinen Schranzen und betrachtete Adlige eher als Nichtsnutze. Er produzierte aber auch keine Rüstung.

SPIEGEL: Die Unternehmer suchten die Nähe zur Macht, wenn es wirtschaftlich hilfreich war?

Plumpe: Aber meist nicht darüber hinaus. Und auch die Übernahme aristokratischer Werte und Vorstellungen kann man weitgehend ausschließen: Die neuere Forschung zeigt eindeutig, dass von einer Feudalisierung der Unternehmerschaft nicht die Rede sein kann.

SPIEGEL: Wo hatte der politische Opportunismus Grenzen?

Plumpe: Unternehmen passen sich dem politischen Umfeld immer an. Und eigentlich erwarten wir das auch. In einer demokratischen Gesellschaft ist der politische Wechsel das Normale, und die Unternehmen akzeptieren das. Der Sonderfall in der deutschen Unternehmensgeschichte ist – im Unterschied zu den USA oder Großbritannien –, dass die politischen Wechsel zum Teil extrem ausgefallen sind. Hätte es den Nationalsozialismus nicht gegeben, wäre die Anpassung der Unternehmen vermutlich auch in Deutschland gar nicht weiter aufgefallen.

SPIEGEL: Viele Unternehmer haben mit den Nazis zusammengearbeitet, natürlich auch Familienunternehmen.

Plumpe: Der Nationalsozialismus folgte der schwersten Wirtschaftskrise, die es bis dahin gab. Die Firma Reemtsma Cigarettenfabriken etwa stand Anfang und Mitte der Dreißigerjahre geschäftlich mit dem Rücken zur Wand; um überleben zu können, baute sie gute Kontakte zu Hermann Göring auf, der von 1936 an die deutsche Wirtschaft steuerte. Reemtsma finanzierte zu einem nicht unerheblichen Teil die Kunstsammlung Görings, einfach um gut Wetter zu machen. Man konnte damals kaum wirtschaftlich erfolgreich sein, wenn man ständig Ärger mit den Nazis hatte, um es salopp zu sagen.

SPIEGEL: Das kann es doch nicht rechtfertigen, die Nazis zu unterstützen?

Plumpe: Die Unternehmer hofften 1933 erst einmal, dass es ihnen unter stabilen politischen Rahmenbedingungen wieder besser gehen würde. In die Vielzahl verbrecherischer Praktiken rutschten sie Stück für Stück hinein.

SPIEGEL: War es nicht möglich, sich rauszuhalten?

Plumpe: Wenn die Unternehmen sich nicht beugten, waren die Nazis knallhart. Dann bekam eine Firma keine Aufträge mehr, keine Rohstoffe, galt im Krieg als nicht so kriegswichtig, oder die Nazis gründeten Konkurrenzunternehmen. Also arrangierten die Unternehmen sich, machten mit. Bei Reemtsma trat ein Familienmitglied in die Reiter-SS ein. Die Deutsche Bank holte den Bankier Karl Ritter von Halt in den Vorstand, einen hohen Sportfunktionär der Nationalsozialisten. Das garantierte gute Kontakte zum Regime.

SPIEGEL: Aber noch mal gefragt: Kann wirtschaftlicher Erfolg das alles rechtfertigen? Eindeutig nein!

Plumpe: Man muss sich das Kalkül eines Unternehmers vorstellen. Der fragt sich immer an oberster Stelle, wie seine Firma überleben kann. Deshalb findet sich so gut wie kein Unternehmen, das nicht kriegswichtig sein wollte. Und viele waren nach dieser Logik auch zu schrecklichen Verbrechen bereit: Die IG Farben, in der unter anderem auch Bayer und Hoechst aufgingen, hat etwa das Werk in Auschwitz Monowitz gebaut, in dem Häftlinge aus dem benachbarten Konzentrationslager Auschwitz arbeiteten – mit Wissen des Unternehmens wohlgemerkt.

SPIEGEL: Moralisch hinterfragt haben die Unternehmer ihr Verhalten nicht?

Plumpe: Auch unter den Unternehmern gab es natürlich überzeugte Nationalsozialisten, etwa Richard Kaselowsky, der in die Familie Oetker einheiratete und die Führung der Firma übernahm. Der wollte seine Puddingfabrik in Bielefeld zu einem nationalsozialistischen Musterbetrieb machen. Aber zumeist ging es um das opportunistische Ausnutzen von Handlungsspielräumen, die in dieser Zeit sehr eingeschränkt waren. Ob die Unternehmer das moralisch reflektiert haben, ist im Einzelnen nur schwer zu beurteilen. Wenn es vorkam, dann bestimmte es nur selten das Handeln oder konnte zu besonderer Skrupellosigkeit führen, da man sich ja »moralisch« gerechtfertigt fühlte. Es gab etwa die sogenannte Siemens-Schnitte, zusätzliches Brot, mit dem Siemens versuchte, seine Zwangsarbeiter ein wenig besser zu behandeln.

SPIEGEL: Das war aber die Ausnahme.

Plumpe: Ja. Es gab eben auch Typen, die die Rahmenbedingungen skrupellos nutzten. So profitierte Friedrich Flick nicht nur systematisch von der Arisierung. Er wusste auch, dass er Verbrechen beging, und versuchte noch während der Nazizeit, Spuren zu verwischen. Daneben gab es die Masse der Unternehmer, die mehr oder weniger mitmachen, weil sie dachten, es gebe keine Alternative. Und es gab ein paar, die widerstandsähnliche Dinge taten wie Berthold Beitz, der später bei Krupp Karriere machte und im Krieg jüdische Zwangsarbeiter rettete. Oder auch Robert Bosch, der den Widerstand gegen die Nationalsozialisten unterstützte und Verfolgte vor der Deportation schützte. Wobei auch bei der Firma Bosch Zwangsarbeiter tätig waren.

SPIEGEL: Robert Bosch vertrat eigentlich andere Werte. Aber die Logik der Wirtschaft setzt sich auch gegen die Überzeugungen der Familie durch?

Plumpe: Robert Boschs Überzeugungen waren das eine, die Führung des Unternehmens in der Kriegswirtschaft das andere. Wir können unser Unternehmen nicht nach privaten familiären Präferenzen führen, werden die meisten Eigentümerfamilien heute sagen, die regelrecht bemüht sind, klare Trennlinien zwischen der Corporate Governance ihrer Unternehmen und den jeweiligen familiären Interessen zu ziehen. Bei großen Familienverbänden mit Hunderten Mitgliedern ist es anders auch kaum noch vorstellbar. Das Interesse der Familienmitglieder am Unternehmen ist in erster Linie ein Einkommensinteresse, und das wiederum ist abhängig vom Unternehmenserfolg, der also klar im Vordergrund steht. Entsprechend sind auch die Erwartungen; Familienmitglieder dürfen im Regelfall nicht die Existenz der Unternehmung gefährden, sei es durch zu große Einkommenserwartungen, sei es durch das Abziehen von Geld oder durch das Veräußern von Anteilen an unternehmensfremde Interessenten.

SPIEGEL: Was ist entscheidend, dass Unternehmen zum Teil Jahrhunderte überleben?

Plumpe: Die allermeisten Unternehmen hatten keinen Bestand – aber das ist in der modernen Wettbewerbswirtschaft bei starkem technologischem Wandel ohnehin nicht zu erwarten. Überleben ist aber auch nicht unmöglich; viele Namen sind seit Jahrzehnten für die deutsche Wirtschaftsgeschichte prägend. Wenn es Unternehmen schafften zu überleben, war in der Regel ausschlaggebend, den technischen Wandel und jenen der Märkte mit zu vollziehen, also etwa rechtzeitig in neue Technologien zu investieren. Hier liegt das eigentliche Geheimnis, für das es ja keinen Automatismus gibt. So gibt es den Automobilzulieferer Borgers aus Bocholt, gegründet 1866. Der Betrieb ist eines der wenigen westmünsterländischen Familienunternehmen in der Textilindustrie, die es heute noch gibt. Im 19. Jahrhundert hat die Firma Wollreste verarbeitet, unter anderem zu Filzpantoffeln. Heute stellt sie Autozubehör wie Kofferraumauskleidungen her. Sie hat überlebt, weil sie den Übergang von billig herzustellenden Gebrauchstextilien zu technischen Textilien geschafft hat. In erfolgreichen Unternehmen steckt immer technologische Wandlungsfähigkeit.

SPIEGEL: Was unterscheidet ein Familienunternehmen heute noch von anderen Firmen?

Plumpe: Familienunternehmen sind sich ihrer eigenen Geschichte bewusster und gehen mit dieser sensibler und auch verantwortungsbewusster um als viele andere Unternehmen. Selbst wenn heute externe Manager ein Familienunternehmen leiten: Es steht nun einmal der Familienname drauf, die Eltern, Großeltern oder noch frühere Generationen haben das Geschäft aufgebaut. Was während der Nazizeit geschah, hatten Familienmitglieder zu verantworten, aber ebenso, wie der Wiederaufbau nach dem Krieg gelang, davon kann man sich nicht so einfach distanzieren. Die Erfolge wie die Niederlagen sind Familiengeschichte.

Werner Plumpe, geboren 1954, ist Professor für Wirtschafts- und Sozialgeschichte an der Universität Frankfurt am Main.

VOM URURURURURURURURURURUR URURURURURGROSSVATER

The Coatinc Company ist das älteste Familienunternehmen Deutschlands – es macht seit mehr als 500 Jahren in Eisen und Stahl.

Von Joachim Mohr

Im Jahr 1502 gab in Siegen ein gewisser Heylmann Dresseler einen Feuerschilling aus, um die örtliche Feuerstelle benutzen zu dürfen. Der Handwerker wurde in einer Urkunde als Meister der Stahlschmiedezunft geführt, damals ein bedeutender Titel in der Stadt mit ihren etwa 2500 Einwohnern. Heylmanns erste Frau, die früh verstarb, stammte wie auch seine zweite aus einer angesehenen Schmiedefamilie.

Mehr als ein halbes Jahrtausend später leitet Paul Niederstein in Siegen ein Stahl- und Metallunternehmen, das rund 1400 Mitarbeiter beschäftigt und etwa 185 Millionen Euro Umsatz pro Jahr erwirtschaftet. Gerade muss er die Firma durch die vom Coronavirus verursachte Wirtschaftskrise führen. »Sich immer wieder neuen Situationen und Krisen anzupassen, das gehört zum Geschäft«, sagt Niederstein im Gespräch am Telefon. Im Falle seiner Firma sind das mehr als nur wohlgesetzte Worte: »Meine Vorfahren hatten es mit der Pest und Weltkriegen zu tun. Zu wissen, dass die früheren Generationen schon große Herausforderungen gemeistert haben, gibt einem Zuversicht.«

Der 1974 geborene Betriebswirt stammt in der 17. Generation in direkter Linie vom mittelalterlichen Schmied Dresseler ab. The Coatinc Company, so heißt das Unternehmen heute, gilt damit als das älteste Familienunternehmen in Deutschland. Der moderne Name, den es seit gut zehn Jahren trägt, ist den internationalen Geschäftsbeziehungen der globalisierten Welt geschuldet (Coatinc ist zusammengesetzt aus der englischen Silbe »coat« von »coating« – Beschichtung – und aus der Silbe »inc« aus dem englischen Wort »zinc« für Zink).

Die Geschichte der Firma hängt eng mit der Geschichte des Siegerlands zusammen. Die Gegend ist eine der ältesten Montanregionen Europas. Schon aus der Zeit der Kelten um 500 vor Christus finden sich dort Reste von Bergbau und Erzgewinnung. Um das Jahr 1500 gab es in der Region schon mehr als 40 Hütten, in denen Metall, vor allem Eisen, erzeugt wurde. Die Eiserfelder Hütte etwa, sieben Kilometer südlich von Siegen gelegen, bestand von 1463 bis ins Jahr 1972. Bis heute sind metallverarbeitende Betriebe für die Stadt Siegen mit ihren rund 100 000 Einwohnern ebenso wie für die Umgebung ein wichtiger Wirtschaftsfaktor.

Der 1502 von Heylmann Dresseler begründete Betrieb wuchs stetig. Jeder der vielen Unternehmergenerationen gelang es, bei den sich wandelnden Techniken der Metallverarbeitung dranzubleiben und sich zugleich den veränderten gesellschaftlichen Bedingungen anzupassen. So prägte das Unternehmen die Region als Eisenhändler, Stahlfabrikant, Hütten- und Walzwerkbetreiber mit.

Auch politisch nahmen Heyland Dresselers Nachfahren Einfluss. So war Johann Heinrich Dresler II. (die Schreibweise des Nachnamens hatte sich im Laufe der Zeit verändert), der von

1745 bis 1824 lebte, nicht nur Ratsherr in Siegen, sondern zeitweise auch Bürgermeister der Stadt sowie Rechnungsführer des Hospitals und der Armenkasse. Geschäftlich war er ebenfalls erfolgreich: Er besaß Anteile an mehreren Hüttenbetrieben und Hochöfen und ließ in eigenen Unternehmen Bandeisen und

HEUTE

The Coatinc Company Holding GmbH

Eigentümer
51 % Paul Niederstein,
49 % B. E. Wedge Holdings Ltd.

Umsatz (2019)
185 Mio. Euro

Gewinn (2019)
7,2 Mio. Euro

Mitarbeiter
1400

Geschäftsfelder
Metallverarbeitung

Sonstiges
Beteiligungen an elf weiteren Gesellschaften

Bleche produzieren. Daneben stieg er in die Textilindustrie ein, stellte Bauern Webstühle zur Verfügung und produzierte Tuchstoff, Kappen und Strümpfe.

Heinrich Adolf Dresler (1835 bis 1925) brachte es zum Königlich Preußischen Geheimen Kommerzienrat, zum Präsidenten der Handelskammer Siegen und saß sogar drei Jahre lang als Abgeordneter für die Nationalliberale Partei im Berliner Reichstag. Er baute das Walz- und Drahtwerk der Familie zu einem überregionalen Produzenten von Drähten aus und hatte Positionen in den Aufsichtsräten anderer Stahlunternehmen und von Banken wie Eisenbahnfirmen inne.

Repräsentative Eisenkonstruktionen wie die Halle des Bahnhofs Groningen von 1895 zeugen bis heute von den internationalen Aufträgen für Dreslers Firmen, auch im Brückenbau war das Unternehmen tätig. Vor Ort hinterließ das Unternehmen, im Siegerländer Platt »Zinkbude« genannt, ebenfalls Spuren. In Kreuztal, wo das Drahtwalzwerk stand, errichtete Dresler ab 1860 einen neuen Familiensitz mit zwei Villen, einer weißen und einer gelben, einer Remise, einem Kutscherhaus und einem Musikpavillon, hier lebte er mit seinen elf Kindern. Die prächtigen Bauten im Stil der Renaissance sollten Herrschaftspräsenz ausdrücken, ein riesiger Park bot Platz für Spaziergänge, aber auch für Landwirtschaft.

Nach den beiden Weltkriegen übernahm Werner Niederstein, Sohn von Heinrich Adolf Dreslers ältester Tochter Luise, die Firma. Er expandierte in den Sechziger- und Siebzigerjahren mit der Siegener AG, wie das Unternehmen nun hieß, weiter im internationalen Markt. Aus einem kleinen Handwerksbetrieb war in knapp fünf Jahrhunderten ein Stahl- und Metallkonzern geworden, spezialisiert auf Stahlveredelung und Stahlverarbeitung.

Nun kam es aber vermehrt zu Konflikten in der Familie: Die

Zahl der Nachkommen, die Firmenanteile besaßen, war stetig gewachsen. Viele von ihnen hatten kein Interesse, weiterhin stille Gesellschafter eines Traditionsunternehmens zu sein, sondern wollten ihre Anteile lieber zu Geld machen, um frei über ihr Vermögen verfügen zu können. So wurde die Siegener AG mit einem Umsatz von mehr als 400 Millionen Mark 1978 an das Stahlunternehmen Hoesch verkauft.

Übrig blieb nur ein kleiner Teil des ehemaligen Konzerns: die Verzinkerei Becker mit gerade einmal 60 Mitarbeitern. Erst 14 Jahre später konnte Klaus Niederstein, der Vater des heutigen Firmenchefs, vier Verzinkereien von Hoesch zurückkaufen. Dafür holte er einen neuen Gesellschafter in die Firma, die Firma B. E. Wedge aus Großbritannien, die heute 49 Prozent an The Coatinc Company Holding GmbH hält.

Der aktuelle Chef Paul Niederstein sieht für die kommenden Jahre die Digitalisierung als größte Herausforderung für das Traditionsunternehmen. The Coatinc Company hat 15 000 Kunden, von BMW bis zum kleinen Kunstschlosser, jeder von ihnen soll künftig dank der digitalen Technik noch besser bedient werden, sagt Niederstein.

Niederstein hat in Regensburg Betriebswirtschaftslehre studiert und in London und Lugano für den US-amerikanischen Energiekonzern Enron gearbeitet, bevor er 2004 ins Familienunternehmen einstieg. Schon mit 16 Jahren, so berichtete es das »Handelsblatt«, habe er gewusst, dass er seinem Vater an der Unternehmensspitze nachfolgen wollte. »Ich wurde von meinem Vater nie unter Druck gesetzt, ihm als Firmenchef nachzufolgen«, erzählt er heute im Interview am Telefon.

Die Geschichte der Firma haben die Siegener erst kürzlich aufgearbeitet: Zwar hatte Emmy, eine der Töchter von Heinrich Adolf Dresler, schon 1918 die Familiengeschichte zusammengestellt. Doch erst 100 Jahre später, 2018, erschien ein Buch, für das die Familie gemeinsam mit einem Historiker Archivfunde und Dokumente zusammengetragen hat.

Die Tradition spielt eine Rolle in dem Unternehmen, aber sie soll keine Verpflichtung sein: Beruflich in ein Familienunternehmen einsteigen, das sollte man auf keinen Fall nur wegen der Familiengeschichte tun – und auch nicht wegen des Geldes, betont Paul Niederstein. Wenn, dann müsse »das aus dem Herzen kommen«. Seine fünf Kinder wolle er auf keinen Fall ins Unternehmen drängen, wenn es sie selbst nicht dort hinziehe, sagt er. »Wobei ich mich natürlich freuen würde, wenn eines meiner Kinder das Unternehmen übernehmen würde.« Es wäre die 18. Generation.

Schnelles Wissen

Wie viele Familienunternehmen gibt es?

Um diese Frage zu beantworten, muss man zwischen nur familienkontrollierten und auch eigentümergeführten Unternehmen unterscheiden. Bei Ersteren gehört zwar der Großteil des Unternehmens einer kleinen Zahl von Personen, die Firma wird von diesen allerdings nicht notwendigerweise geleitet, so etwa bei Volkswagen. Familienunternehmen machen etwa 90 Prozent aller deutschen Unternehmen aus. Sie umfassen etwa 58 Prozent aller sozialversicherungspflichtigen Beschäftigungsverhältnisse hierzulande. Bei der Teilgruppe der eigentümergeführten Unternehmen kontrolliert die Familie die Firma nicht nur, mindestens ein Familienmitglied leitet sie auch. 86 Prozent des deutschen Unternehmensbestands gehören zu dieser Gruppe, 53 Prozent aller Beschäftigten in Deutschland arbeiten hier. Viele der Familienunternehmen sind eher klein, im Durchschnitt haben sie weniger als zehn Beschäftigte.

IMMER TREU

Die lombardische Familie Tassis revolutionierte die Post – und wurde dank der Nähe zum Kaiser reich.

Von Benno Stieber

Wichtige Nachrichten überbrachte der künftige »General der Post« gern selbst. Als Karl von Habsburg, König von Spanien, im Juni 1519 von den deutschen Landesfürsten einstimmig zum Kaiser gewählt wurde, schwang sich Johann Baptist von Tassis mit dieser Information persönlich in den Sattel. Dort sollte die Neuigkeit Bruder und Tante des neuen Kaisers am Brüsseler Hof erreichen. Auf seinem Ritt von Frankfurt nach Westen nutzte Tassis die Stationen seines Postkurses, um sein Pferd zu wechseln. So brauchte er gerade einmal drei Tage, bis er die Nachricht von der Wahl, die auch für ihn selbst nicht besser hätte ausgehen können, überbringen konnte.

Unter den Erfindungen und Entdeckungen, die den Beginn der Neuzeit markieren, wird die Entwicklung des Postwesens oft vergessen. Die Beschleunigung des Nachrichtenflusses wurde nicht durch eine neue Technologie möglich. Der Familie Thurn und Taxis gelang es, die Post durch arbeitsteilige Organisation, den Einsatz von staatlichem Kapital und unterstützt von einigermaßen gesicherten politischen Verhältnissen zu einem modernen Kommunikationsmittel auszubauen. Diese Beschleunigung revolutionierte den Informationsfluss, ließ Europa zusammenrücken und veränderte auch das Zeitgefühl der Menschen in der Renaissance nachhaltig.

Für den 1519 gewählten Karl, der als Kaiser Karl V. firmierte, erwies sich die Post der norditalienischen Familienunternehmer namens Tassis als unverzichtbares Herrschaftsinstrument. Der Aufstieg der Familie, die sich erst 1650 von Thurn und Taxis nannten, zeigt, wie Unternehmer von der Nähe zur Macht profitieren konnten – und wie sie dadurch nicht nur ökonomisch, sondern auch gesellschaftlich vorankamen.

Der junge Kaiser musste ein riesiges Reich von Granada bis zum Balkan, von Sizilien bis zur Nordsee samt den Kolonien in Amerika zusammenhalten. Dieses Weltreich bestand auch in Europa nicht aus einem zusammenhängenden Herrschaftsgebiet. Nur in Spanien und Österreich und den Spanischen Niederlanden hatte der Habsburger weitgehend unumschränkten Einfluss. Im Deutschen Reich musste er sich mit den Regionalfürsten arrangieren. Und mitten in seinem Einflussgebiet herrschte Franz I. von Frankreich, sein unterlegener Konkurrent bei der Kaiserwahl und von da an dauerhafter Widersacher.

Wie seine Vorgänger regierte Karl ohne feste Residenz. Wo immer der Kaiser mit seinem Hof Station machte, sorgte der mitreisende kaiserliche Postmeister Johann Baptist von Tassis dafür, dass eine Postroute zu den europäischen Zentren aufgebaut wurde, damit der Kaiser seinen Statthaltern in Spanien, Italien und Brüssel Briefe, Depeschen, Anweisungen und Befehle zustellen konnte. Karl war ein emsiger Schreiber, 130 000 Briefe sind aus seiner Korrespondenz erhalten geblieben. Er stand in Kontakt mit Vasallen und Verbündeten, Päpsten und Königen, aber auch Gelehrten seiner Zeit wie

Erasmus von Rotterdam. Schreiben nahm einen großen Teil seines Arbeitstages in Anspruch.

Wichtige Botschaften schickte der Kaiser über verschiedene Wege los, um sicherzugehen, dass die Botschaft ihr Ziel auch wirklich erreichte. Schreibend schmiedete er Bündnisse, arrangierte Ehen und dirigierte seine Armeen. Das wichtigste Thema seiner Briefe war die stets klamme Staatskasse. Für die Finanzierung der Krone sorgte die Augsburger Kaufmannsdynastie der Fugger, die schon mit Zahlungen an die Fürsten ihren wesentlichen Beitrag zur Wahl Karls beigetragen hatten. Um sein Reich mithilfe eines verlässlichen Nachrichtenflusses zu regieren, hatte Karl die Tassis an seiner Seite.

Der junge Kaiser übernahm das Postsystem von seinem Vorgänger. Sein Großvater Kaiser Maximilian I. hatte die flinken Reiter und geschickten Organisatoren an den Hof nach Innsbruck geholt. Eigentlich stammten die Tassis aus der Gegend von Bergamo in Norditalien. Schon im 12. Jahrhundert hatten sie sich dort auf das harte Geschäft als Reiterboten spezialisiert. Damals betrieb Amadeo Tasso mit 32 seiner Verwandten ein Stafettensystem zwischen Venedig und Rom. Später waren sie auch eine Zeit lang Postmeister des Papstes. Die Tassis hatten Jahrhunderte Erfahrung darin, Nachrichten auch über unsichere Wege zum Empfänger zu bringen. Damals waren Reisen mit vielerlei Gefahren verbunden. Befestigte Straßen stammten noch aus der Antike, sie waren oft marode und unsicher.

Für die Städte und Dörfer am Wegesrand gab es keinen Grund, Reisen schneller und komfortabler zu machen. Denn gebrochene Radachsen und rastende Reisende sorgten bei Wirten und Handwerkern entlang der Handelsstrecken für Umsatz. Ein Bote schaffte zu dieser Zeit höchstens zwischen 20 und 50 Kilometer pro Tag. Die erschütternde Nachricht von der

Eroberung Konstantinopels durch die Osmanen 1453 brauchte einen ganzen Monat, bis sie die Machtzentren Europas erreichte.

Franz von Tassis baute im Habsburgerreich ein System auf, das trotz der maroden Infrastruktur den Nachrichtenaustausch enorm beschleunigte. Seine Idee war das, was man heute disruptiv nennen würde: Er schickte reitende Boten mit der Nachricht nicht mehr über die gesamte Distanz. Stattdessen wurde das »Felleisen«, die versiegelte Brieftasche, alle 30 bis 40 Kilometer an einen neuen Boten mit frischem Pferd übergeben. Das Stafettensystem kannte keine Ruhezeiten und beschleunigte den Nachrichtenfluss um ein Vielfaches. So gelangte schon 1505 eine Depesche aus Innsbruck innerhalb von nur fünf bis sechs Tagen nach Brüssel. Kein Vergleich zu gehenden oder reitenden Boten, die nur tagsüber unterwegs waren.

Karl V. baute das Postnetzwerk in seiner Regierungszeit nach Kräften aus. Bald bildete der Postkurs Brüssel–Innsbruck das Rückgrat des Nachrichtenverkehrs, nach und nach wurde es zu einem verzweigten Netz ergänzt. Entlang der Strecken, die die Machtzentren des Reiches verbanden, warben die Tassis Posthalter an, oft Bauern oder Wirte von Gasthäusern oder Herbergen, die vor den nachts geschlossenen Stadttoren lagen. Gegen einen festgelegten monatlichen Betrag mussten diese Posthalter auf eigene Kosten Pferde und oft auch Boten bereitstellen und den ankommenden Kurieren Kost und Logis geben.

Dieses Franchisesystem erlaubte es den Tassis, mit geringem Kapitalaufwand rasch eine leistungsfähige Infrastruktur aufzubauen. An die Mitarbeiter stellte dieses frühe Kommunikationsunternehmen ganz neue Anforderungen. Da es noch keine verlässlichen Beschilderungen oder Straßenkarten gab und viele Streckenabschnitte durch Wetter und Widrigkeiten, politische Unsicherheiten oder Wegelagerer gefährlich waren, brauchten die Postboten Improvisationsgeschick. Die Boten mussten oft mehrere Sprachen lesen, sprechen und schreiben können. Die Post arbeitete extrem arbeitsteilig, ein möglichst rascher Nachrichtenfluss verlangte Präzision und Pünktlichkeit.

Karl sicherte sich das Know-how der Tassis bereits als spanischer König durch zwei Postverträge. Die Verträge regelten Besoldung, Rechte und Aufgaben der Post. Die Tassis erhielten innerhalb ihrer Organisation gewisse staatliche Hoheitsrechte, wie sie sonst nur ein Landesfürst besaß. Sie konnten jeden, der die Beförderung der Post behinderte, zur Unterstützung zwingen und über Postangestellte Gerichtsurteile fällen. Andererseits mussten sie die Zustellung von Nachrichten innerhalb eines gewissen Zeitraums garantieren. Ein Brief von Brüssel nach Rom durfte laut Postvertrag aus dem Jahr 1516 im Sommer höchstens 252 Stunden brauchen, also zehneinhalb Tage, im Winter 288.

Die Verträge sicherten den Status der Tassis als private Dienstleistungsunternehmer. Nach außen trat die Post unter dem kaiserlichen Wappen auf, schließlich erfüllte sie hoheitliche Aufgaben und konnte diese im Namen des Kaisers auch durchsetzen. Umgekehrt verpflichtete der Kaiser die Fürsten, die Post bei der Erfüllung ihrer Aufgaben zu unterstützen. Die Stellung als staatsnahes, aber selbstständig wirtschaftendes Unternehmen hatte jedoch auch Nachteile. Der Unterhalt der Relaisstationen war enorm kostspielig, und der Kaiser war trotz der Verträge ein säumiger Zahler. Das zwang die Postmeister des Kaisers, sich nach solventeren Kunden umzusehen.

Während es der Post in Frankreich noch bei Todesstrafe verboten war, private Nachrichten zu transportieren, begannen die Tassis unter Duldung des Kaisers schon zu Beginn des 16. Jahrhunderts damit. Fugger und Welser, Augsburgs bedeutende

HEUTE

Thurn und Taxis

Die Familie blieb lange im Postgeschäft. Als die Post staatlich organisiert wurde, traten die Thurn und Taxis ihre Postrechte zunächst in großen deutschen Staaten gegen Entschädigungsleistungen ab. 1867 verlor die Firma alle Postrechte an Preußen. Seither lebt die Familie von dem, was sie im Tausch erworben hat. Bis heute verfügt sie über den größten Privatwaldbesitz und den größten privaten Grundbesitz Deutschlands. Familienoberhaupt ist Albert, jüngstes Kind von Johannes und Gloria von Thurn und Taxis.

Kaufmannsdynastien, wurden zu wichtigen Auftraggebern der Post. Der Postvertrag von 1519 ließ es dann ganz offiziell zu, private Post zu befördern. So wurden die Tassis zu einem privaten Dienstleistungsunternehmen, das im öffentlichen Auftrag Nachrichten beförderte. Immer mehr Postrouten entstanden dauerhaft. Von 1550 an gab es für die Routen erstmalig geregelte Portotarife.

Zugleich veränderte die Post für die Menschen der Renaissance auch die Art zu reisen. Die kaiserliche Familie selbst war über die Postrouten unterwegs, weil sie schneller und sicherer waren. Karl V. schrieb in seinen Memoiren, sein Schwiegersohn König Maximilian von Böhmen habe sich 1550 nach der Ankunft in Barcelona »per Post nach Valladolid« begeben. Auch private Reisende nutzten gern die Pferdewechselstationen. So beschrieb der Augsburger Kaufmann Lucas Rem im Oktober 1515 in seinem Tagebuch, wie er in sechs Tagen über 23 Poststationen von Brüssel in seine Heimatstadt reiste.

Trotz der steigenden Bedeutung privater Kunden blieben die Tassis dem Kaiser treu ergeben. Familienmitglieder waren an vielen Höfen des Reiches in einflussreichen Positionen tätig. Auch an wichtigen Knotenpunkten der Postkurse installierten sie Familienmitglieder oder verlässliche Mitarbeiter als Postmeister. Eine Vertrauensposition. Denn sie durften Brieftaschen öffnen und Sendungen umpacken. Auch wegen der Kaisertreue blieben die protestantischen Landesfürsten, die immer mehr in Opposition zu den Habsburgern gingen, den Tassis gegenüber misstrauisch. Ein Misstrauen, das auf Gegenseitigkeit beruhte. Jeremias von Tassis, der Postmeister der Station Enzweihingen im Württembergischen, etwa verweigerte 1520 Landesfürst Herzog Ulrich einen Treueid, da er wegen dessen Konfessionswechsel einen Loyalitätskonflikt mit dem Kaiser sah.

Die Post blieb im Kern kaisertreu und katholisch. Jenseits des unmittelbaren Einflussgebiets Karls, etwa in Norddeutschland, entstanden deshalb keine festen Postrouten. Und obwohl auch die protestantischen Fürsten die kaiserliche Post nutzten, versuchten sie immer wieder, eigene, oft hoch subventionierte Postsysteme in ihren Ländern zu etablieren. Als Kaiser Karl 1555 abdanken wollte, reiste dessen Neffe ganz selbstverständlich per Post an den Hof nach Brüssel, um seinen Onkel von diesem Schritt abzuhalten. Doch der Erzherzog konnte den Rücktritt nicht mehr aufhalten.

Mit dem Ende der Herrschaft Karls V. zerfiel sein Reich in einen spanischen und einen mitteleuropäischen Teil und stürzte damit auch die Post in eine schwere Krise. Denn den größten Teil der Kosten für das Postsystem trug traditionell die spanische Krone. Doch Spanien taumelte in der Zeit nach Karl dem Bankrott entgegen. Dadurch gerieten die Tassis ihrerseits in Zahlungsschwierigkeiten. Es folgte eine lange Phase, geprägt von Streiks und Protesten der Posthalter und zähen Verhandlungen über eine alternative Finanzierung dieses Netzwerks.

Erst nachdem Kaiser Rudolf II. 1615 aus den taxischen Postkursen eine Reichspost machte und dem Hause Taxis das Monopol für diese Aufgabe zuwies, funktionierte die Post wieder und konnte sich sogar im Dreißigjährigen Krieg behaupten. Spätestens von da an war der Unternehmerfamilie die Nähe zur Macht wichtiger als die unternehmerische Unabhängigkeit. Mit dem kaiserlichen Monopol ausgestattet, ging auch der gesellschaftliche Aufstieg der Taxis voran. Generalpostobermeister Lamoral von Taxis wurde 1642, kurz vor seinem Tod, aus dem niederen Adel direkt in den erblichen Grafenstand erhoben. Sein Sohn Lamoral II. durfte als Erster den Namen von Thurn und Taxis tragen. 1695 wurde die Familie sogar zu Reichsfürsten ernannt.

Lange hatte das Familienunternehmen seinen Sitz in Brüssel gehabt, dem Knotenpunkt der alten Hauptpostlinie. Doch der Spanische Erbfolgekrieg und der Verlust des niederländischen Postnetzes zwangen die Thurn und Taxis, nach Frankfurt auszuweichen, wo zu dieser Zeit auch der Reichstag tagte. Teile der Unternehmerfamilie hatten schon früher als Diplomaten oder Soldaten in kaiserlichen Diensten gestanden, jetzt übernahmen auch die Familienoberhäupter politische Aufgaben. In Frankfurt wurde der Familie das Prinzipalkommissariat übertragen, sie wurden damit zum Vertreter des Kaisers beim Reichstag, ein Amt, das sie bis zum Ende des Heiligen Römischen Reiches ausfüllten.

Als der Reichstag seinen Sitz 1745 endgültig nach Regensburg verlegte, zögerten die Thurn und Taxis keinen Moment, Frankfurt zu verlassen und dem politischen Amt hinterherzuziehen. Schloss Emmeram in Regensburg ist bis heute Sitz der Familie.

Schnelles Wissen

In welcher Region gibt es heute die meisten Familienunternehmen?

Die meisten Familienunternehmen gibt es in Thüringen, allerdings spielen sie wirtschaftlich dort keine allzu große Rolle. Die Mehrzahl der 600 größten Familienunternehmen – insgesamt 393 – findet sich in Nordrhein-Westfalen, Baden-Württemberg und Bayern. Nur 11 der großen Firmen kommen aus den ostdeutschen Bundesländern.

ALS DEM ENGEL FLÜGEL WUCHSEN

Eine Apotheke in Darmstadt gilt als Keimzelle des Pharmaunternehmens Merck. Zu Recht?

Von Michael Kißener

Wer heute durch die Darmstädter Innenstadt spaziert, wird unweigerlich auf die Engel-Apotheke stoßen. In dem unscheinbaren Nachkriegsbau am Luisenplatz fällt sie nicht weiter auf, wie eine ganz normale Apotheke eben. Trotzdem könnte man in ihr so etwas wie die Keimzelle des heutigen Pharmakonzerns Merck sehen – zumal die Inhaberin zur Familie gehört und die Apotheke in der elften Generation führt. Es ist eine in vielen Broschüren zu findende »Meistererzählung«: die Geschichte eines aus kleinsten Anfängen entstandenen, mehr als 300 Jahre alten chemisch-pharmazeutischen Unternehmens, das heute ein Global Player ist. Freilich hat diese schöne Vorstellung ihre Tücken.

Zwar gibt es tatsächlich eine ungebrochene Familientradition seit dem Kauf einer Darmstädter Apotheke im Jahre 1668 durch die Familie Merck. Und das Festhalten am Standort Darmstadt ist für alle weiteren Entwicklungen natürlich auch nicht zu leugnen. Doch der Weg von der Apotheke des Jahres 1668, damals noch am Schlossgraben, zum heutigen weltweit tätigen Konzern war kein geradliniger. Es bedurfte vieler Impulse und grundlegender Veränderungen der politischen Rahmenbedingungen im Laufe der Jahrhunderte. Erst in der Moderne, seit dem 19. Jahrhundert, konnte sich die Firma entwickeln, die wir heute sehen.

Eine Apotheke zu übernehmen und zu betreiben, wie dies 1668 der 47-jährige Jacob Friedrich Merck in Darmstadt tat, bedeutete damals zunächst und vor allem, ein Gewerbe zu betreiben. Der Beruf des Apothekers war im 17. Jahrhundert noch kein akademischer, sondern vielmehr ein Handwerk, das man wie ein »Lehrling« und später »Geselle« bei einem »Meister« lernen konnte. Apotheker hatten sich vielfältiger unkundiger Konkurrenz etwa durch Bader oder Salbenfrauen zu erwehren. Ihren Beruf übten sie, zumal in der Provinz, in eher kleinen Stuben aus, die von allerhand Gefäßen in Wandregalen und einem Zubereitungstisch in der Mitte des Raums geprägt waren. Die Pharmazie der Vormoderne war in beinahe jeder Hinsicht noch weit von dem entfernt, was wir heute unter moderner pharmazeutischer Herstellung verstehen.

Um die Darmstädter Apotheke erwerben zu können, bedurfte es ausreichenden Kapitals. Das war wohl schon im 17. Jahrhundert in der weiteren Familie Merck – deren Wurzeln in Schweinfurt lagen – vorhanden. Und es bedurfte der Geneigtheit des Landesherrn, des Landgrafen von Hessen in Darmstadt, der das Apothekenprivileg gewährte. Seinem Haus fühlte sich die Familie denn auch über die Jahrhunderte hinweg verpflichtet. Der Landgraf billigte der Apotheke im Laufe der Zeit auch Lieferungen an den Hof, für das örtliche Spital oder sein Militär zu – wichtige Einnahmequellen für Merck.

HEUTE

Merck KGaA

Eigentümer
börsennotiert, mehrheitlich in Familienbesitz

Umsatz (2019)
16,2 Mrd. Euro

Gewinn nach Steuern (2019)
1,3 Mrd. Euro

Mitarbeiter
57 000

Geschäftsfelder
Pharma, Laborausrüstung, Spezialchemikalien

Doch das Geschäft war keineswegs einfach: Stets war unklar, ob der seit dem Dreißigjährigen Krieg finanzschwache Darmstädter Hof seine Rechnungen auch tatsächlich bezahlen würde. Oder wie die Hofbeamten die seit 1669 geltende Medizinalordnung auslegen würden. Und dann waren da noch die zahlreichen Seuchen und Kriege mit ihren Folgen: Nicht selten blickte die Familie Merck in den Abgrund, wenn wieder einmal ein hoffnungsvoller, qualifizierter Nachfolger für die Leitung der Apotheke zu früh verstarb.

Es waren in diesen Situationen die Ehefrauen, wie Elisabeth Katharina, geborene Kayser (1706 bis 1786), die das Apothekenprivileg hielten und mithilfe geeigneter Provisoren – angestellten Apothekern – den Betrieb weiterführten. Die Apotheke etablierte sich so auf Dauer in Darmstadt, sie zeigte aber keine besondere Innovationskraft. Mit solider Arbeit auf der Höhe der Zeit warf sie dank der langsam steigenden Bevölkerung höhere Gewinne ab. Ein »Goldesel« war sie aber wohl nicht.

Erst vorteilhafte Heiraten in finanzstarke Kreise der Residenzstadt, ertragreiche Erbschaften, sparsame Haushaltsführung und das seit Elisabeth Katharina immer stärker betriebene Geldverleihgeschäft erbrachten jenes Kapital, auf das die Familie am Ende des 18. Jahrhunderts zurückgreifen konnte. Freilich bedurfte es dann noch einer entscheidenden Kraft, die dieses Kapital auch zukunftsträchtig zu nutzen vermochte. Im Fall der Familie Merck war dies der jugendliche Emanuel Merck (1794 bis 1855). Der Mann, der die Apotheke in fünfter Generation übernahm, erkannte die Möglichkeiten, die sich an der Schwelle vom 18. zum 19. Jahrhundert in der sich rasant verändernden Welt boten.

Er war gründlich auf seine Aufgabe vorbereitet worden: Zunächst hatte er das aufklärerische Darmstädter Pädagogium besucht, das für seine gute naturwissenschaftliche Bildung bekannt war. Auf einem Genfer Internat, wo die Naturwissenschaften auch in Französisch unterrichtet wurden, hatte er seine Ausbildung fortgesetzt. 1810 kam er zu Johann Bartholomäus Trommsdorff nach Erfurt – damals wohl der beste Ort, um auf der Höhe der Zeit Pharmazie zu erlernen: Trommsdorff unterhielt eine »Chemisch-physikalische und Pharmazeutische Pensionsanstalt für Jünglinge«, in der er »die Pharmacie von den

Fesseln« befreien wollte, die sie »niederdrückten«, was nichts anderes hieß, als sie »aus dem Stande eines empirischen Handwerks zur wissenschaftlichen Kunst [zu] … erheben«.

Dort lernte der junge Merck selbstständiges wissenschaftliches Forschen und Arbeiten, er konnte sogar erste Publikationen mit neuen Erkenntnissen veröffentlichen, die er dabei gewonnen hatte. Er erfuhr dort aber auch, dass zwischen der wissenschaftlichen Erkenntnis und der praktischen Nutzbarmachung in Form von verkaufbaren Produkten eine Reihe von ökonomischen Überlegungen und Kalkulationen standen. Merck entwickelte sich mit viel Ehrgeiz zu einer Art Musterschüler Trommsdorffs.

Danach ging es noch zur weiteren praktischen Ausbildung an eine Reihe führender Apotheken nach Eisenach, Frankfurt und Straßburg. 1815 immatrikulierte er sich an der Universität in Berlin, um dort bei den Koryphäen seiner Zeit Chemie, Botanik und Mineralogie zu hören. Merck wurde zum forschenden Pharmazeuten. Einer seiner bedeutendsten Durchbrüche war es, wichtige Alkaloide (hochwirksame Pflanzeninhaltsstoffe) in Reinform herzustellen und für die Heilung von Krankheiten und die Bekämpfung von Schmerzen zuverlässig verfügbar zu machen. 1816 übernahm er die Apotheke in Darmstadt, die wohl erst spät – wir wissen nicht genau, wann – offiziell den Namen Engel-Apotheke bekam.

Und von nun an ging es steil bergauf. Die alte Apotheke hatte Bestand, den Wurzeln blieb die Firma, die Merck 1850 mit seinen Söhnen gründete, stets verbunden. Nun aber baute Emanuel Merck Zug um Zug – und auch mit manchen Rückschlägen – eine industrielle Produktion auf, die sich im Industriezeitalter noch ausweitete und den Boden für den Weltkonzern bereitete, der Ende des 19. Jahrhunderts entstand. Als

Emanuel Merck 1855 starb, waren bereits bis zu 50 Mitarbeiter in seinem Unternehmen tätig. Im Unterschied zu seinen Vorgängern hatte Emanuel die Möglichkeiten und den Mut, die Chancen der aufziehenden Moderne zu nutzen und etwas Neues zu wagen. In der Geschichte dieser Familie war sein Wirken so etwas wie ein Quantensprung. Manchmal sind es dann eben doch einzelne Männer und – wie das Beispiel von Merck ja auch zeigt – einzelne Frauen, die Geschichte machen.

Michael Kißener ist Professor für Zeitgeschichte an der Johannes Gutenberg Universität Mainz.

DIE FRAU, DIE ES RAUSRISS

Jüdische Unternehmer waren rechtlich oft benachteiligt. Der Hamburger Familie Warburg gelang der Aufstieg gegen Widerstände.

Von Ruth Hoffmann

Trennt euch nicht«, heißt es 1801 im Testament des Pfand- und Geldleihers Gumprich Marcus Warburg. »Nur durch Einigkeit werdet Ihr stark sein, und Euer Geschäft wird blühen.« Gemeint waren seine ältesten Söhne Moses Marcus, 38, und Gerson, 36, die leidenschaftlich miteinander im Clinch lagen. Drei Jahre zuvor hatte Gumprich ihnen sein Geschäft vererbt, und sie hatten daraus die Bank M. M. Warburg & Co. gemacht, ihren ewigen Konkurrenzkampf aber keineswegs beigelegt. So blickte Gumprich am Ende seines Lebens mit Sorge auf den bescheidenen Wohlstand, den er unter schwierigen Bedingungen erarbeitet hatte und der sich nun womöglich im Zwist der ungleichen Brüder auflösen würde.

Die beiden scherten sich nicht um den väterlichen Appell und setzten ihre Streitereien noch jahrzehntelang fort. Ihre Firma gedieh dennoch, wurde im Laufe der Zeit zu einer wichtigen Säule im Hamburger Wirtschaftsgefüge, stieg im 19. Jahrhundert zum globalen Player auf, überdauerte zwei Kriege und die »Arisierung« durch die Nationalsozialisten – und ist heute die größte inhabergeführte Privatbank Deutschlands. Damit sind die Warburgs die älteste ununterbrochen im Bankgeschäft tätige Familie der Welt. Vater Warburg hätte also beruhigt sterben können, aber das Unbehagen überwog: »Höret auf meine letzten Worte und Ermahnungen«, schrieb er eindringlich.

Man kann es ihm nicht verdenken: Für einen Juden gab es in deutschen Landen wenig Grund zu Optimismus. Schon Gumprichs Vorfahren waren als Geldwechsler und Pfandleiher tätig gewesen, weil ihnen durch die mittelalterliche Zunftordnung der Zugang zu den meisten Berufen versagt war. Als sogenannte Schutzjuden genossen sie zwar gewisse Privilegien, mussten aber hohe Abgaben zahlen und waren vom Wohlwollen des jeweiligen Landesherrn abhängig.

Im 16. Jahrhundert hatten sie sich im westfälischen Warburg in Westfalen niedergelassen – der erste Ahnherr, Simon von Kassel, ist durch seinen Schutzbrief urkundlich belegt; das Stammhaus der Familie steht bis heute. In Warburg gab es kein Getto, und die Juden mussten keine stigmatisierenden Abzeichen tragen, wie es in vielen anderen Städten vorgeschrieben war. Simons Familie war in der Gemeinde hoch angesehen und beherbergte die Synagoge der Stadt drei Generationen lang im eigenen Haus.

Warum sein Urenkel Juspa-Joseph 1668 Warburg verließ, ist unklar. Vielleicht hatte die nie ganz verstummende Judenfeindschaft nach dem letzten Pestausbruch 1666 wieder zugenommen, oder es gab durch die Verheerungen des Dreißigjährigen Krieges, die auch die Stadt Warburg hart getroffen hatten, keine Perspektive mehr. Juspa-Joseph jedenfalls zog Richtung Norden. Als Zeichen seiner Herkunft behielt er den Zusatz »Warburg« im Namen: Deutsche Juden durften keine Nachnamen tragen; viele benannten sich darum nach ihrem Heimatort. In Altona fand er ein neues Zuhause. Die Stadt gehörte zu Dänemark und bot Juden größere Freiheiten als das nahe Hamburg. Hier gab es bereits eine jüdische Gemeinde mit Synagoge und eigenem Friedhof, auf dem die reichen portugiesischen Juden aus Hamburg ebenfalls ihre Toten begruben, weil es ihnen innerhalb der Stadt verboten war.

Die Nähe zur aufstrebenden Handelsmetropole war den Geschäften der Familie offenbar zuträglich: Gumprich Warburg heiratete die Tochter eines Hamburger Wechselmaklers und verlegte seinen Wohnsitz 1773 schließlich nach Hamburg. Ein großer Schritt. Und ein Wagnis, denn Juden waren dort nur geduldet. Innerhalb der Altstadt gestand man ihnen gerade mal fünf Straßen zum Wohnen zu, in der Neustadt ein eng abgezirkeltes Gebiet aus 14 Straßen. Dort, in der Peterstraße 227, bezog Gumprich mit seiner Familie ein Haus, das zugleich sein Geschäftssitz wurde – und nach der Gründung durch seine Söhne Gerson und Moses Marcus mehr als ein halbes Jahrhundert Standort der Bank M. M. Warburg & Co. sein würde.

Wie zuvor in Westfalen ging Gumprich auch in Hamburg seinen Geschäften als Geld- und Pfandleiher nach, doch waren die Bedingungen hier um ein Vielfaches günstiger: Der unabhängige Stadtstaat war durch den Hafen mit der halben Welt verbunden; die Börse florierte; aus ganz Europa flossen Waren- und Geldströme durch hanseatische Handelskontore.

Die vergleichsweise liberale Bürgerkultur mit kosmopolitischem Einschlag bot auch für Juden mehr Spielräume: Seit fast 200 Jahren lebten bereits Sefarden in Hamburg – meist wohlhabende jüdische Kaufleute aus Portugal und Spanien. Durch ihre internationalen Beziehungen genossen sie in Hamburg den vertraglich garantierten Schutz des Senats und hatten gewissermaßen den Weg geebnet für die – eingeschränkte – Akzeptanz deutscher Juden in der Stadt.

Wie genau die Geschäfte Gumprich Warburgs aussahen, lässt sich heute nicht mehr sagen. Vermutlich waren sie eher bescheiden, ermöglichten es ihm aber, einen gewissen Wohlstand an seine Söhne weiterzugeben. Seine mahnenden Worte hielten sie jedoch nicht davon ab, sich auch nach seinem Tod weiter zu beharken: An der Börse belauerten sie einander, gingen sich aus dem Weg, ohne den anderen aus den Augen zu lassen. Mancher machte sich ihre Uneinigkeit zunutze und verkaufte dem einen Devisen, die er zuvor dem anderen zu einem niedrigeren Preis abgekauft hatte. Letztlich aber wussten beide, was sie aneinander hatten, und so schlossen sie 1810 einen Gesellschaftervertrag – verfasst in Hebräisch-Aramäisch und nach dem jüdischen Kalender auf das Jahr 5570 datiert.

Beide fühlten sich der jüdischen Tradition verbunden, wobei der strenge, orthodox lebende Moses Marcus sie ernster nahm als sein Bruder. Mit seinen dichten dunklen Haaren unterschied er sich schon rein äußerlich vom glatzköpfigen Gerson. Er lebte mit Frau und Tochter in der kleinen Wohnung über der Bank, ging regelmäßig in die Synagoge, finanzierte die Veröffentlichung theologischer Schriften aus eigener Tasche und stand, wie einst die Ahnherren in Warburg, der Gemeinde vor. Gersons lockeres Junggesellenleben zwischen Varietés und Tanzcafés war Marcus ein Dorn im Auge. Ein Jahr lang sollen die Brüder kein Wort miteinander gewechselt haben. Ihre Geschäfte, die vor allem aus dem Handel mit Wechseln bestanden, entwickelten sich trotzdem bestens.

Hamburg verfolgte seit Jahren eine strikte Neutralitätspolitik, die sich trotz der damit verbundenen Risiken in barer Münze auszahlte. Während der Französischen Revolution hatten

HEUTE

M. M. Warburg & Co.

Eigentümer
40 % Max M. Warburg, 40 % Christian Olearius, 20 % andere

Bilanzsumme (2018)
5,5 Mrd. Euro

Gewinn nach Steuern (2018)
7,1 Mio. Euro

Mitarbeiter
685

Geschäftsfelder
Bankwesen

Sonstiges
Die Bank war von 2007 bis 2011 in Cum-Ex-Geschäfte verwickelt, bei denen sie sich unrechtmäßig Steuern erstatten ließ.

viele Adelige ihr Vermögen bei Hamburger Banken in Sicherheit gebracht. Jetzt, während der Napoleonischen Kriege, lief der Waren- und Finanzhandel der kriegführenden Länder über die Hansestadt. »So vereinigte sich alles, um die Bankgeschäfte hier zu vermehren«, heißt es in einer zeitgenössischen Quelle. Etwas später entwickelte sich Hamburg durch die von Napoleon verhängte Kontinentalsperre zum Knotenpunkt mehr oder minder illegaler Geschäfte aus ganz Europa.

In welcher Weise die Warburgs davon profitierten, ist nicht ganz klar. Die wenigen erhaltenen Belege aus den ersten Jahrzehnten der Bank deuten darauf hin, dass die Brüder vorsichtig wirtschafteten und sich schnell Ansehen erarbeiteten. Gut belegt sind ihre Kontakte zum ebenfalls jüdischen Bankier Mayer Amschel Rothschild aus Frankfurt am Main und seinen Filialen in London und Paris. Mit Salomon Heine, Onkel und Förderer des Dichters Heinrich Heine, waren sie freundschaftlich verbunden. Zusammen mit Marcus' Schwiegervater Abraham Heckscher hatte er ein Jahr vor ihnen eine Privatbank gegründet, mit der er bald zu großem Reichtum kam, was ihm den Spitznamen »Rothschild von Hamburg« einbrachte.

Doch 1806 war es erst einmal vorbei mit Hamburgs Unabhängigkeit: Napoleons Truppen nahmen die Stadt ein, die nun, mit einem ausgedehnten Landkorridor zwischen Nord- und Ostsee, zum französischen Kaiserreich gehörte. Senat und Bürgerschaft waren nur noch ausführende Organe; die Hamburger mussten hohe Steuern zahlen.

Für die Juden aber brachte die Herrschaft der Franzosen ungeahnte Freiheiten, denn für sie galten gemäß französischem Gesetz nun dieselben Rechte wie für alle anderen Bürger. Von den Gängeleien allerdings waren sie ebenso betroffen: 1812 ließen die Franzosen reiche Hamburger festnehmen, um eine halbe Million Francs Lösegeld zu erpressen. Auch Gerson Warburg wurde in der Lüneburger Heide interniert. Marcus war das nur recht. Er weigerte sich, die geforderte Summe aufzubringen, und zahlte erst, nachdem die jüdische Gemeinde massiven Druck auf ihn ausgeübt hatte. »Warum haben sie ihn denn nicht auf immer behalten?«, soll er bei Gersons Freilassung gemurmelt haben.

Mit dem Abzug der Franzosen verloren die Hamburger Juden ihre Rechte wieder. Ein Komitee, das sich für ihren Erhalt einsetzte und dem auch Marcus Warburg angehörte, scheiterte am Widerstand von Senat und Bürgerschaft: Sämtliche Eingaben und Rechtsgutachten wurden abgewiesen und stattdessen das sogenannte Judenreglement von 1710 wieder in Kraft gesetzt. Selbst beim Wiener Kongress stießen die Juden mit ihrer Forderung nach Gleichstellung auf taube Ohren. Zugleich hatte die Besatzungszeit einen Nationalismus befeuert, der von Anfang an antijüdische Züge trug. Obwohl Juden damals nur gut vier Prozent der Hamburger Bevölkerung ausmachten (und durch den Anstieg der Einwohnerzahl bald nur noch zwei), hatten viele Nichtjuden ihren gesellschaftlichen Aufstieg mit Argwohn und Neid verfolgt.

Nun brach sich offene Feindschaft Bahn: Man empörte sich, dass die Juden während der »Franzosenzeit« in Viertel gezogen waren, die ihnen nicht zustünden, und sogar regelmäßig Kaffeehäuser besuchten. Im Sommer 1819 gipfelte die aufgeheizte Stimmung in den »Hep-Hep-Krawallen«: Juden wurden gewaltsam aus den Kaffeepavillons an der Alster vertrieben, Häuser und Wohnungen in den »nicht erlaubten« Straßen geplündert. In Würzburg und Frankfurt, wo auch das Haus der Rothschilds angegriffen wurde, tobte der Mob mehrere Tage lang.

So zerschlug sich die Hoffnung auf eine echte Emanzipation, auf rechtliche und politische Gleichstellung. Jüdische Hamburger mussten wieder in die ihnen zugewiesenen Straßen ziehen, und in den folgenden Jahren kam es immer wieder zu Ausschreitungen, die bezeichnenderweise oft in den Kaffeehäusern an der Alster begannen. Dem hanseatischen Bürgertum war es ein Dorn im Auge, dass sich Juden in der Stadt mit der gleichen Selbstverständlichkeit bewegten wie sie.

Die Warburgs waren während der Besatzungszeit nicht umgezogen, blieben auch die nächsten Jahrzehnte in der kleinbürgerlichen, überwiegend jüdisch geprägten Neustadt und wurden nur selten Opfer von Diskriminierungen. Die Auseinandersetzungen zwischen den Brüdern setzten sich derweil fort und fanden 1819 einen neuerlichen Höhepunkt, als sich Gerson in Marcus' hübsche, gerade erst 14-jährige Tochter Sara verliebte – für Marcus angesichts des, aus seiner Sicht, ohnehin lotterhaften Lebensstils seines Bruders eine doppelte Beleidigung. Er konnte nicht ahnen, dass ausgerechnet Sara später eine entscheidende Rolle in der Geschichte der Bank spielen würde. Für sie, Tochter aus orthodoxem Hause, war eigentlich nicht mehr vorgesehen, als die Warburg'schen Geschäftsbeziehungen durch eine möglichst vorteilhafte Heirat auszubauen.

Als Gerson 1825 starb, wurde ihre Vermählung dringlicher, denn Marcus hatte keinen Sohn, den er als neuen Teilhaber einsetzen konnte. Der Kreis geeigneter Kandidaten war jedoch klein – die meisten Juden waren zu arm, und ein Christ kam nicht infrage. Sara selbst hätte nur allzu gern den Antrag ihres gut aussehenden Cousins Elias angenommen, fügte sich dann aber 1829 in die von den Eltern arrangierte Ehe mit »Aby« Samuel Warburg, einem Cousin zweiten Grades. Es war mit Sicherheit nicht die Verbindung, von der Sara geträumt hatte: Sie, die eben noch den Beinamen »Stern aus der Peterstraße« getragen hatte und von allen umschwärmt wurde, der selbst Heinrich Heine ein Liebesgedicht geschrieben haben soll, war nun an ein von der Gelbsucht gezeichnetes, seltsam krumm gewachsenes Männlein gebunden.

Schon als Kind hatte Aby wegen seiner körperlichen Einschränkungen den Spitznamen »der gelbe Zwerg« ertragen müssen. In Aussehen und Charakter war kaum ein größerer Gegensatz zu Sara denkbar. Die Teilhaberschaft an der Bank, mit 150 000 Mark Barvermögen ein durchaus ansehnliches Unternehmen, schien ihn nicht besonders zu interessieren, und auch sonst konnte ihn nichts aus seiner trägen Gemütlichkeit reißen. Auch die Erziehung der sechs Kinder überließ er seiner Frau. Sara hingegen war belesen und vielseitig interessiert, musizierte, sang, ging oft ins Theater und in die Oper. Die Passivität ihres Mannes war ihr ein Graus; mit seinem Humor konnte sie nichts anfangen. »Vielleicht bewegst du dich auch einmal!«, schimpfte sie oft.

So flüchtete sie in eine verbissene Frömmigkeit und entwickelte sich mit der Zeit zu einer von allen Familienmitgliedern gefürchteten Matriarchin, die darauf bestand, von ihren Kindern gesiezt zu werden. Obwohl Aby bei den Kunden beliebt war und ein Talent für Geldgeschäfte und den Umgang mit Zahlen hatte, traf Sara alle für die Bank wichtigen Entscheidungen und ließ sich von ihrem Mann jeden Abend die Bücher vorlegen.

Auch die Ehen für ihre Kinder arrangierte sie. Bei ihrer ältesten, Marianne, erwies sich ihre Wahl jedoch als fataler Fehler. Der reiche Londoner Jude, mit dem sie verheiratet wurde, war ein Betrüger und verschleuderte ihre Mitgift. Sara reiste persönlich nach London, um die Scheidung auszuhandeln. Am Ende mussten die Warburgs ein Viertel ihres Vermögens für die Auflösung des Ehevertrags zahlen, zuzüglich gewaltiger Prozesskosten. Als Sara und Aby 1854 Silberhochzeit feierten, war die Sache noch immer nicht ausgestanden. Die Sorge darum machte vor allem Aby zu schaffen, bis er zwei Jahre später mit 58 Jahren starb.

Matriarchin: Sara Warburg war mit ihrem entfernten Cousin Aby verheiratet.

Sara übernahm als Alleininhaberin die Führung der Bank, ließ ihren ältesten Sohn Siegmund vorzeitig für mündig und zum Generalbevollmächtigten erklären und umging so die gesetzlichen Auflagen, die sie als Frau eingeschränkt hätten. Selbst als Siegmund und etwas später auch der jüngere Moritz offiziell Teilhaber wurden, gab sie die Zügel nicht vollständig aus der Hand. Bei »Angelegenheiten von besonderer Bedeutung«, ließ sie in den Vertrag schreiben, »sei die Meinung von Madame Warburg« einzuholen. Tatsächlich bestimmte sie weiter maßgeblich die Geschicke des Unternehmens. Jeden Abend nach Börsenschluss erwartete sie ihre Söhne zum Bericht, den vor allem Siegmund mit der Zeit immer unwilliger gab.

Die erste Feuerprobe kam gleich nach Abys Tod, als eine internationale Bankenkrise auch die Warburgs nicht verschonte. Nach dem Ende des Krimkriegs 1856 waren die Preise für Rohstoffe abgestürzt, was zum Ruin vieler amerikanischer Banken und Eisenbahngesellschaften führte. Die daraufhin ausbrechende Panik an den Börsen schwappte im November 1857 über England bis nach Hamburg, wo Bankkunden nun hysterisch ihre Spekulationswechsel ausgezahlt haben wollten. Bank- und Handelshäusern ging das Geld aus, Termingeschäfte platzten, im Hafen lagen Waren im Wert von Hunderten Millionen Mark, die niemand bezahlen konnte. Vergebens bemühte sich der Senat um Anleihen aus anderen Städten und im Ausland – der Hamburger Wirtschaft drohte der Kollaps.

Dass es nicht dazu kam, die Stadt sogar als strahlende Siegerin aus dem Debakel hervorging, war Sara Warburg zu verdanken. Sie hatte ihre Tochter Rosa mit Paul Schiff verheiratet, dem Leiter der Wiener Credit-Anstalt, und konnte ihn dafür gewinnen, als Vermittler zwischen Österreich und der am Abgrund stehenden Hansestadt aufzutreten. Tatsächlich gelang es ihrem Schwiegersohn, den österreichischen Kaiser Franz Joseph I. davon zu überzeugen, der Stadt zu helfen: Im Dezember 1857 traf in Hamburg ein Zug mit 13 Waggons voller Silberbarren zur Absicherung der Rettungsdarlehen ein. Die Hamburger Wirtschaft berappelte sich, und schon ein halbes Jahr später konnte die Stadt den verzinsten Kredit zurückzahlen und das Silber wieder nach Wien schicken. Der »Silberzug« wurde legendär, das Bankhaus Warburg gewann gewaltig an Ansehen und war von nun an in die staatlichen Finanzgeschäfte Hamburgs involviert.

1865 zog sich die mittlerweile 60-jährige Sara in ein herrschaftliches Haus an der Rothenbaumchaussee zurück. Die Bankgeschäfte behielt sie jedoch weiterhin im Auge und erweiterte sie durch geschickte Heiratspolitik ins Ausland. Auch für ihre Söhne traf sie die Wahl der Ehefrauen. Die Warburgs nannten sich nun nicht mehr Geldwechsler, sondern Bankiers. Mit nur zehn Angestellten war M. M. Warburg & Co. zwar immer noch ein vergleichsweise kleines Unternehmen, gehörte aber bereits zu den führenden deutschen Privatbanken und handelte mit internationalen Wechseln, Devisen und staatlichen Wertpapieren.

Seit 1860 garantierte die neue Hamburger Verfassung den Juden die volle Gleichberechtigung. Noch im selben Jahr hatte Sara den Firmensitz in die Innenstadt verlegt. 1868 zog die Bank unter Siegmunds Führung schließlich standesgemäß in ein Palais an der Binnenalster, in unmittelbarer Nähe zu Rathaus und Börse – nach 200 Jahren in der Stadt war die Familie Warburg ganz oben angekommen.

Schnelles Wissen

In welcher Branche sind die größten Familienunternehmen tätig?

Die größten finden sich heute bei Automobilzulieferern und Discountern – und zwar sowohl nach der Zahl der Beschäftigten als auch nach Umsatz. Die meisten Beschäftigten hat mit rund 140 000 Mitarbeitern die Schwarz-Gruppe (Lidl, Kaufland), gefolgt vom Autozulieferer Bosch und dem Handelskonzern Metro. Dahinter folgen Aldi, Bertelsmann (Medien), Schaeffler, Mahle (Autozulieferer), Würth (Schrauben), Tengelmann und Rethmann (Recycling, Logistik). Den größten Umsatz unter den Familienunternehmen macht die Schwarz-Gruppe vor Bosch und Aldi. Auf den weiteren Plätzen landen Metro, Phoenix (Pharmahandel), Heraeus (Technologie), Henkel, Bertelsmann, Boehringer Ingelheim (Pharma) und Merck.

»VEREDELND EINWIRKEN«

1913 beschrieb eine Broschüre die Sozialleistungen beim Keramikwarenhersteller Villeroy & Boch. Dabei ist das patriarchale Denken der Eigentümer spürbar.

Die Firma Villeroy & Boch wurde am 1. Januar 1841 von den Mitgliedern der befreundeten und später verschwägerten Familien Villeroy und Boch als offene Handelsgesellschaft mit dem Sitz in Mettlach errichtet, zum Zwecke gemeinschaftlichen Betreibens der ihnen gehörigen ... Steingutfabriken ...
Für die in kleinen Ortschaften wie Mettlach gelegenen Fabriken musste bei der Vergrößerung der Betriebe die Hinzuziehung von Arbeitern aus den umliegenden, ziemlich weit entfernten Dörfern ermöglicht und für das Unterbringen aller derjenigen Sorge getragen werden, welche abends nicht nach ihrem Wohnort zurückkehren können. Es hatte diese Fürsorge vornehmlich den jugendlichen Arbeitern beiderlei Geschlechts zu gelten, insbesondere auch zur Verhütung der Gefahren für Gesundheit und Sittlichkeit, denen jüngere Arbeiter in fremden Kosthäusern an gewerbreichen Orten gar oft ausgesetzt sind.
Aus den angezogenen Gründen wurde im Laufe des Jahres 1870 in Mettlach eine große Schlaf- und Speiseanstalt erbaut und deren Leitung den Schwestern des Ordens vom hl. Karl Borromäus anvertraut. In dieser Anstalt finden gegenwärtig etwa 350 Mädchen und 80 Knaben Kost und Wohnung. Die Sonntage verbringen dieselben größtenteils in ihrer Familie ...
Da eine große Anzahl Arbeiter es vorzieht, das zu Haus zubereitete Essen sich bringen zu lassen, hat die Firma heizbare

Wagen herstellen lassen, welche ihnen das Essen nach den Fabriken besorgt; diesen Arbeitern stehen geräumige Speisesäle zur Verfügung, in welchen auch einige Nahrungsmittel, wie Brot, Wurstwaren, Bier und Fleischbrühe, zu billigen Preisen erhältlich sind. Das früher übliche Zutragen der Speisen durch Kinder und Frauen ist dadurch in Wegfall gekommen.
Zum Zwecke billiger Beschaffung von Lebensmitteln und sonstiger häuslicher Bedürfnisse hat die Firma in Mettlach, Wallerfangen, Merzig und Wadgassen die Gründung von Konsumvereinen veranlasst, deren Benutzung für ihre Mitglieder noch die weitere segensreiche Folge hat, dass dieselben an die unmittelbare Zahlung der entnommenen Waren gewöhnt werden ...
Die Firma begnügt sich nicht damit, Einrichtungen zu treffen, um das leibliche und materielle Wohl ihrer Arbeiter zu fördern, sondern sie hat auch mit gutem Erfolge angestrebt, auf deren gesellige Erholung und Unterhaltung veredelnd einzuwirken ...
Im Jahre 1857 hat Eugen von Boch auf einem Bergabhange bei Mettlach den sog. Pavillon errichten lassen und zur Verfügung der Beamten und Arbeiter gestellt. Dort unterhält die Firma eine billige Restauration mit großem Garten für Sommerwirtschaft und einer Halle für die Wintervergnügen ...

Quelle: Sonderabdruck aus dem vom Hansabund für Gewerbe, Handel und Industrie anlässlich des Jubiläums der 25-jährigen Regierungszeit Kaiser Wilhelms II. herausgegebenen Werk: *»Die freiwilligen sozialen Fürsorge- und Wohlfahrtseinrichtungen in Industrie, Handel und Gewerbe im Deutschen Reiche«*, Halle a. d. Saale: Carl Marhold Verlagsbuchhandlung, 1913.

MIT KLEINEN HEFTEN ZUR WELTMARKE

Der Reclam-Verlag zehrt noch heute von der Geschäftsidee seines Gründers.

Von Johannes Saltzwedel

Auf den 9. November 1867 hatten deutsche Leser und Büchermacher lange gewartet: 30 Jahre lang hatte eine Frist die Werke von Autoren geschützt, die vor dem 9. November 1867 gestorben waren. Nun aber durften Klassiker wie die Schriften von Goethe und Schiller vervielfältigt werden, ohne dass Tantiemen für die Autoren oder deren Erben fällig wurden.

Seit Jahren hatten renommierte Häuser wie Brockhaus oder Meyer sich auf das Datum vorbereitet – aber niemand so gründlich wie der linksliberale Leipziger Verleger Anton Philipp Reclam (1807 bis 1896). Zum Stichtag brachte er den deutschen Klassiker schlechthin, Goethes »Faust I«, für unschlagbare zwei Silbergroschen oder sieben rheinische Kreuzer auf den Markt. In wenigen Monaten waren 20000 Exemplare des äußerlich anspruchslosen kleinen Heftchens verkauft. Fast zeitgleich erschienen »Faust II«, Lessings »Nathan der Weise« und die beliebten Gedichte des Freiheitskämpfers Theodor Körner.

Anders als die Konkurrenz hatte Reclam einen langfristigen

Plan: Seine neue »Universal-Bibliothek« sollte keineswegs nur hohe Literatur, sondern jede Art bildender und unterhaltsamer Lektüre bringen. »An der Fortsetzung dieser Sammlung wird unausgesetzt gearbeitet«, versprach ein Werbetext. Es wurde eine der größten Erfolgsgeschichten der deutschen Verlagsgeschichte; bis heute zählen »Reclam-Hefte« zu den geistigen Grundnahrungsmitteln nicht nur für Schülerinnen und Studenten.

Den Erfolg hatte Anton Philipp Reclam sich hart erarbeitet. Zielstrebig war der Buchhändlersohn hugenottischer Abstammung bei dem Braunschweiger Verleger Friedrich Vieweg, seinem Onkel, in die Lehre gegangen. Mit nur 21 Jahren hatte er sich dann in seiner Vaterstadt selbstständig gemacht. Er erwarb das »Litterarische Museum«, eine Leihbibliothek, die auch Zeitschriften führte, und startete noch im selben Jahr den »Verlag des Litterarischen Museums«, der bald von vaterländisch-reformerischen Zeitschriften (»Die Posaune«) bis zu wilden Unterhaltungsschmökern ein buntes Sortiment anbot.

Das war auch nötig, denn im Verlagsgewerbe herrschte erbitterte Konkurrenz. Einst, Ende des 18. Jahrhunderts, hatten Unternehmer wie die Leipziger Weidmann und Göschen oder der Berliner Aufklärer-Verleger Friedrich Nicolai sich im Kampf gegen das grassierende Nachdruckerwesen durch solide Neuheiten und schieres Volumen an Veröffentlichungen behauptet. Als Hausverlag Schillers und Goethes hatte der Tübinger Verleger Johann Friedrich Cotta um die Jahrhundertwende mit weitblickender Strategie eine Qualitätsmarke aufgebaut, zu der auch die renommierte »Augsburger Zeitung« gehörte.

Nun aber, in den ersten Jahrzehnten des 19. Jahrhunderts, drängten immer mehr Jungunternehmer auf den wachsenden Markt des Gedruckten. Gerade auch Zeitschriften für die Familie, die manchmal sogar mit kleinen Illustrationen lockten, fanden ein dankbares Publikum – aber dazu brauchte es Heere flinker Autoren, Redakteure und Setzereien. Zugleich musste, wer geistige Erzeugnisse verbreitete, seit den Karlsbader Beschlüssen von 1819 herbe Zensurauflagen beachten.

Reclam agierte geschickt. Schon 1837 trug das Verlagsprogramm des emsigen jungen Mannes sich so gut, dass er die Leihbibliothek verkaufte und auf Veröffentlichungen seinen eigenen Namen nannte – seither firmierte er, zur Unterscheidung vom Unternehmen seines Vaters, als »Philipp Reclam jun.«. Weitere zwei Jahre später konnte er eine Druckerei erwerben, die ihm zu deutlich größerer Unabhängigkeit und Planungssicherheit verhalf. Um diese Zeit heiratete er auch die Bürgertochter Auguste Susanne Baumann.

Reclam war beileibe kein Umstürzler: Weil er Verkaufserfolge erwartete, druckte er auch eine neue Ausgabe von Johann Arndts frommem Klassiker »Vier Bücher vom wahren Christentum«. Aber Anpasserei lag ihm ebenso wenig. Als engagierter Bürger wollte er seinen Verlag, so der Buchhandelshistoriker Reinhard Wittmann, zu einem »Sammelpunkt liberaler Publizistik« machen. Dafür nahm er in der Zeit des Vormärz vor der Revolution von 1848 immer wieder erhebliche Risiken auf sich, persönliche wie vor allem auch geschäftliche.

Anfang der Dreißigerjahre veröffentlichte er Bücher, die den Freiheitskampf der Polen unterstützten, unter einer Deckadresse. Aber nicht überall ließ die Zensur sich umgehen. Als Reclam zum Beispiel 1842 zwei neue Wochenschriften herausbrachte, die reformerische, ja gewagt satirische Töne anschlugen, erregte das bei offiziellen Gesinnungswächtern viel Unmut. Im Jahr darauf entzog die sächsische Pressepolizei der zeitgemäß betitelten »Leipziger Locomotive«, die es rasch auf 200 000 Abonnenten gebracht hatte, nach nur 38 Heften die Lizenz.

1846 wurde der misstrauische Staatskanzler des Habsburgerreichs, Klemens von Metternich, dann richtig grob und untersagte für ganz Österreich den Vertrieb von Reclams Büchern. Doch der ließ sich nicht einschüchtern. Ungerührt brachte er die erzdemokratische Streitschrift »Das Zeitalter der Vernunft«, ein Werk des angelsächsischen Freiheitsapostels Thomas Paine, in deutscher Übersetzung heraus. Das Buch wurde sofort verboten, ja man machte Reclam in Leipzig sogar »wegen öffentlicher Herabsetzung der Religion« den Prozess.

Glücklicherweise ließ sich das Verfahren mit Einsprüchen eine ganze Weile hinauszögern; dank der Revolution von 1848 musste der Verleger die im Urteil verhängte Strafe von vier Monaten Gefängnis nicht mehr antreten. Dennoch verlagerte er seinen Programmschwerpunkt nun eher auf Titel, die jedes bürgerliche Heim brauchen konnte: Wörterbücher zum Beispiel, Bibeln oder auch Noten. Solche Dauerbrenner in großen Auflagen zu drucken und auch nachzudrucken war durch die neue Reproduktionsmethode der Stereotypie, einer Art Klischierung vom vorhandenen Bleisatz, drastisch billiger geworden.

Ein Volltreffer gelang Reclam mit dem Verfahren, als er 1858 eine schon existierende deutsche Shakespeare-Ausgabe übernahm und günstig herausbrachte. Sie lehrte die Konkurrenz das Fürchten: zwölf Bände für einen Subskriptionspreis von 1 $^{1}/_{3}$ Talern. In neun Jahren wurden 15 Auflagen abgesetzt. Dank solcher Erfolge konnte der Verlag 1862 ein neues, größeres Haus in Leipzig beziehen. Ein Jahr später trat Reclams einziges Kind Hans Heinrich mit 23 Jahren in die Firma ein.

Das Geschäft lief gut, doch den entscheidenden Aufschwung der Firmengeschichte brachte erst das »Klassikerjahr« 1867. Durch lange Erfahrung gestärkt – schon 1844 hatte er eine »wohlfeile Unterhaltungsbibliothek« lanciert –, eroberte

Übernahme: Hans Heinrich Reclam trat 1863 in die Firma ein, seine Programmplanung galt als virtuos.

Reclam den Markt. In wenigen Jahren waren die spottbilligen Heftchen der »Universal-Bibliothek« als Marke zum Begriff geworden. Im Jahr nach dem Start gab es bereits 100 Nummern in den undefinierbar lachsrosa Umschlägen mit seitlichem Girlandenmuster. Umfangreichere Texte bekamen Doppel-, Dreifach- und Vielfachnummern zugeteilt. Nur elf Jahre später war man bei Nummer 1000 angelangt – einer Novelle des Publikumslieblings und späteren Nobelpreisträgers Paul Heyse.

Auch wenn »Philipp Reclam jun.« weiterhin auch dickere und größere Bücher herausbrachte: Die »Universal-Bibliothek« entwickelte sich rasch zum Markenkern des Hauses. Das lag vor allem an der virtuosen Programmplanung Hans Heinrich Reclams, der häufig sogar selbst Korrektur las. Schon 1869 erschien das erste von vielen weiteren Operntextbüchern; auch Philosophisches verkaufte sich gut, zum Beispiel die stilistisch brillanten Werke Arthur Schopenhauers.

Wie ging es weiter?

Von 1900 bis heute

Hans Heinrich Reclam setzte die Tradition fort: **1906** wurden seine Söhne Ernst und Hans Emil Gesellschafter des Verlags, den sie, nach dem Tod des Vaters **1920**, leiteten. Hans Emil als Druckereichef, Ernst als Programm- und Vertriebsleiter. Ziel des Unternehmens blieb es, den Kosmos bürgerlicher Bildung aus einer Hand zu bieten. **1911** bot man Buchhändlern einen speziellen »Reclam-Schrank« für die »Universal-Bibliothek« an, von **1912** an stellte der Verlag sogar Buchautomaten auf, im Krieg gab es für Soldaten geistigen Proviant in einer »Tragbaren Feldbücherei« mit je 100 Heftchen.

Als Thomas Mann **1928** die Festrede zum Gründungsjubiläum hielt, fiel es ihm leicht, die »lebensfreundliche«, um Kultur und Bildung verdiente Kernidee des Verlags zu würdigen. Aber auch an dessen »rebellischen Ursprung« erinnerte der Schriftsteller und an den Idealismus, der bei allem Sinn für Verkäuflichkeit nie hatte fehlen dürfen.

Zwar musste auch Reclam seit **1933** auf Anordnung der nationalsozialistischen Behörden jüdische und andere »schädliche« Autoren aus seinem Programm nehmen. Aktiv beteiligten sich die Reclams an der NS-Propaganda aber so wenig wie möglich. Als **1943** Brandbomben das Leipziger Verlagsviertel trafen, vernichteten sie auch das Haupt-

lager von Reclam; von November **1946** an wurden obendrein Druckmaschinen als Reparationsgut von der russischen Besatzungsmacht demontiert.
Ernst Reclam und sein Sohn Heinrich (1910 bis 1984) bauten den Verlag in Stuttgart neu auf. Unter familienfremder Leitung existierte die Marke Reclam auch in Ostdeutschland fort; es erschien sogar während der gesamten DDR-Zeit auf meist schlechtem Papier eine achtbare »Universal-Bibliothek«. Seit **1991** ist Reclam wieder ein Gesamtunternehmen und bis heute in Familienhand.
Eine wirtschaftliche Krise überstand die Firma **2014** mit harten Sparmaßnahmen: Die Zahl der Angestellten wurde halbiert, die hauseigene Druckerei ebenso stillgelegt wie die Kantine. **2017** feierte Reclams Universal-Bibliothek 150. Geburtstag – die Hefte, die seit 1970 mit gelbem Umschlag erscheinen, sind damit die langlebigste Buchreihe Deutschlands. Sie macht fast ein Drittel des Verlagsumsatzes aus.

Bei der Verbreitung russischer Literatur, etwa Gogol oder Tolstoi, spielte Reclam ebenso eine Pionierrolle wie später für den Naturalismus. So wurden beispielsweise von den viel diskutierten Dramen des norwegischen Sozialkritikers Henrik Ibsen bis zum Ersten Weltkrieg weit über vier Millionen Exemplare verkauft. Aber auch ein Schachlehrbuch kam heraus, das sich als Klassiker erwies und in Überarbeitung bis heute erhältlich ist; ebenso Biografien, etwa über Komponisten, und Kommentare. Von 1882 an folgten noch Gesetzestexte, sodass in der Palette des Druckbaren kaum ein Feld mehr unbesetzt blieb.

Als Anton Philipp Reclam 1896 mit 88 Jahren starb, war aus seiner Firma ein kleines Imperium geworden; allein die Druckerei beschäftigte inzwischen mehr als hundert Mitarbeiter. Noch zu Lebzeiten des Gründers hatte man ein 15 000 Quadratmeter großes Areal im »Graphischen Viertel« von Leipzig gekauft, auf dem sukzessive ein Dreiflügelbau für Verlag, eine Druckerei mit 56 Schnellpressen und großem Lager entstand. Bis zum Ersten Weltkrieg blieb sogar der Heftpreis von 20 Pfennigen stabil. Der Name Reclam hatte sich zum Synonym für gut gemachten, extrem günstigen Lese- und Bildungsstoff entwickelt.

Schnelles Wissen

Gibt es weitere berühmte Verlegerdynastien?

Schon der älteste noch existierende Verlag der Welt, Schwabe in Basel, gegründet 1488, war und ist ein Familienunternehmen. Im 18. Jahrhundert etablierten unter anderen Bernhard Christoph Breitkopf in Leipzig, Friedrich Nicolai in Berlin und allen voran Johann Friedrich Cotta in Tübingen und Stuttgart Verlagsbuchhandlungen, die bis heute fortbestehen. Im 19. Jahrhundert kamen weitere hinzu, etwa Friedrich Arnold Brockhaus. In Hamburg machte sich Julius Campe mit dem bis heute tätigen Verlag Hoffmann und Campe einen Namen. Im 1768 gegründeten Verlag C. H. Beck, seit 1889 in München ansässig, hat man inzwischen die siebte Generation erreicht.

DER EINSAME PATRIARCH

August Thyssen arbeitete sich zum mächtigsten Stahlbaron empor. Doch in seiner Familie hinterließ er einen Scherbenhaufen.

Von Frank Patalong

Die Fahrt vom Ruhrgebiet nach Berlin muss dem kleinen, machtgewohnten Mann schwergefallen sein. Anfang Oktober 1910 reiste August Thyssen in die Reichshauptstadt, um mit einem Kotau und sehr viel Geld einen Streit zu beenden, der alles zu zerstören drohte, was er sich geschäftlich und privat aufgebaut hatte. Mit seinen 68 Jahren stand August Thyssen auf dem Höhepunkt seines wirtschaftlichen Erfolgs.

Thyssen war bekennender Verfechter des amerikanischen »Trust«-Gedankens. So hatte er seine Unternehmen konstruiert und groß gemacht: mit dem Geld von Anteilseignern. Und doch konnte nichts ohne ihn entschieden werden. Bereits in den 1890er-Jahren hatte er begonnen, seine Geschäfte »vertikal« zu organisieren. Er beteiligte sich an Banken, Hafenbauten, Speditions- und Logistikunternehmen, Kohlenminen bis hin zu Kokereien, Hochöfen und Walzwerken. Den gesamten Geschäftsprozess von Finanzierung und Rohstoffförderung bis zu Transport und Export wickelte er im eigenen Konzern ab.

Im westlichen Ruhrgebiet arbeiteten Zehntausende Menschen für ihn. Allein in Hamborn, wo jedes dritte Gebäude Thyssen gehörte, lebten mehr als 40 000 Menschen in seinen Häusern. Seine Fabriken hatten Dörfer zu Industriestädten heranwachsen lassen. 42 Jahre hatte er gebraucht, aus seiner kleinen Firma einen Weltkonzern zu schmieden. Geschäftlich hatte Thyssen offensichtlich viel richtig gemacht. Dass er trotzdem kein glücklicher Mensch war, lag daran, dass ihm wirtschaftlich alles, privat aber so gut wie nichts gelang.

Nichts zeigte das so deutlich wie die Reise nach Berlin im Herbst 1910. Für »Napoleon Montanus«, wie ihn ein Journalist getauft hatte, wurde sie zum Waterloo. Thyssen logierte standesgemäß im noblen Hotel Continental. Der Reichstag lag in Laufentfernung, das Berliner Schloss ebenfalls. Doch Thyssen suchte keinen Kontakt mit den Mächtigen des Reiches: Die Audienz, um die er sich bemühte, war für ihn weit schwerer zu bekommen. Thyssen wartete vergebens.

Dann machte er sich, begleitet von seinem jüngsten Sohn Heinrich, der als der Diplomat der Familie galt, und mit seinem Anwalt auf die Suche. Im Hotel Esplanade am Potsdamer Platz wies man den Herren den Weg zur Bar des Hotels Bristol. Das lag in der Nachbarschaft des Continental, von wo sie aufgebrochen waren. Thyssen kann das nicht witzig gefunden haben. Doch es war nichts im Vergleich zu dem, was folgte. Der Großindustrielle ließ sich an einem Tisch in der Hotelbar nieder. Ein paar Tische weiter saß und trank sein zweitältester Sohn August Thyssen junior. Seit 1898 lagen Vater und Sohn über Kreuz. Wie allen seinen Söhnen hatte Thyssen auch August junior den Weg ins Unternehmen ermöglicht. In Berlin sollte er sich erproben, scheiterte jedoch an seinen Aufgaben. Der Alte entzog dem Jungen den

Posten – und ein Konflikt begann, der die Familie zu zerreißen drohte.

1904 hatte der Senior versucht, den Junior entmündigen zu lassen. Der Prozess geriet zu einer Schlammschlacht, in der August junior Schwachsinnigkeit und Homosexualität unterstellt wurden. Die Entmündigung jedoch war gescheitert. Jetzt suchte August Thyssen Frieden: »Mohammed«, berichtete die »Berliner Volks-Zeitung« am 16. Oktober 1910 süffisant, hätte eben »zum Berge« kommen müssen, da der sich nicht bewegte. Die beiden Männer sprachen nicht miteinander, berichtete die Zeitung: »So traten denn die Rechtsanwälte in Aktion. Jeder beriet zuerst mit seinem Mandanten, dann trafen sie sich an einem anderen Tisch, um sich das Ergebnis mitzuteilen, kehrten wieder zu ihren Auftraggebern zurück, um sich Bescheid zu holen, trafen sich wieder auf ›neutralem Boden‹, und so ging's mit wenig Grazie, aber viel Beharrlichkeit hin und her.«

Der Sohn, heißt es in dem Artikel weiter, »hatte kein Wort und keinen Blick für den Vater«, und der wiederum »vermochte es nun im entscheidenden Augenblick nicht, dem Sohn ein gutes Wort zu geben«. Dass er ihm stattdessen erst 3 Millionen, dann 4 Millionen, am Ende angeblich 30 Millionen Reichsmark für eine Unterschrift bot, reichte dem Junior nicht: Die Männer gingen unversöhnt und ohne Einigung auseinander. Was für eine bizarre Szene! Thyssen senior hatte versucht, dem Sohn das Erbe abzukaufen. Seiner Tochter Hedwig hatte Thyssen drei Jahre zuvor in einer Notsituation den Verzicht bereits abgepresst, nun fehlte ihm nur noch die Unterschrift von August junior, um zweien seiner vier Kinder die Erbteile zu entziehen. Thyssen war von der Angst getrieben, dass sie das Unternehmen nach seinem Tod zerfleddern könnten.

Denn was der junge Thyssen wollte, war ja bekannt: Rache.

Er hasste nicht nur seinen Vater, sondern auch seinen ältesten, erfolgreichen Bruder Fritz. »Ihr dürft ... darauf rechnen, dass ich nach dem Tode meines Vaters die Leitung der Geschäfte in die Hand nehme«, hatte er schon 1898 an seine alte Gouvernante Minna Schönmann geschrieben: »Ich bin der Stärkere.« Deutlich wurde er auch gegenüber dem Vater, nachdem der entdeckt hatte, dass August junior versuchte, ihn bei Geschäftspartnern zu diskreditieren: Er werde den Vater »vollständig ruinieren«, ihm »die Ehre nehmen«. Nur wenn der ihn mit dem älteren Bruder gleichstelle, schrieb er dem Vater 1909, würde sein »unsagbares Rachegefühl gegen Fritz erlöschen«.

Aber August Thyssen hielt den Sohn für geschäftlich ungeeignet – und für einen Hallodri mit extrem nachteiliger Lebensführung. Tatsächlich baute der Junior mit einem ausschweifenden Lebensstil immer wieder Schulden auf, die der Alte anfangs noch beglichen hatte. Doch bereits seit 1904 lebte er nun weitgehend auf Pump. Schuldnern versprach er, seine Rechnungen dereinst aus der Erbmasse des Industrieunternehmens zu begleichen. Hotel- und Barbesitzer hatten damit kein Problem, sie nahmen den Namen Thyssen für bare Münze. Je klarer wurde, dass er im Konzern niemals eine ernst zu nehmende Rolle spielen würde, desto entschlossener schien August junior, sein Erbe feiernd zu verjubeln.

Vor allem der Versuch, sich mit dem Kauf eines Ritterguts dem Lebensstil seiner adeligen Freunde anzunähern, ging spektakulär daneben. August junior hatte gehofft, so leichter zu einem Adelstitel zu kommen. Stattdessen handelte er sich im Frühjahr 1910 eine Insolvenz ein, an deren Ende 52,4 Millionen Mark Schulden standen. Es war der Punkt, an dem Thyssen glaubte, seinen Sohn aus dem Erbe herauskaufen zu können – und scheiterte. Der Firmengründer stand damit im Oktober 1910 vor einem privaten Scherbenhaufen, der auch sein geschäftliches Lebenswerk bedrohte.

Selbst der jüngste Sohn, Heinrich, der ihn nach Berlin begleitet hatte, war nun nominell der Sohn eines anderen: Der Filius hatte sich 1907 von seinem ungarischen Schwiegervater adoptieren lassen, um dessen Adelstitel erben zu können. Heinrich Baron Thyssen-Bornemisza de Kászon wandelte seitdem mit eingeschränktem geschäftlichen Ehrgeiz, dafür aber mit ungarischer Staatsangehörigkeit auf adeligen Pfaden.

Und der älteste Sohn, Fritz Thyssen? Engagierte sich fraglos im Unternehmen, war dem Senior dort aber nicht nur Stütze, sondern längst auch schärfster Konkurrent. Über die letzten Jahre hatten alle Kinder in wechselnden Allianzen und Gegnerschaften miteinander, vor allem aber mit dem Vater gerungen. Unter dem Strich gab es in seiner Familie wohl niemanden mehr, der seinen Rücktritt nicht begrüßt hätte.

HEUTE

Federico und Claudio, die Söhne von Anita Gräfin Zichy-Thyssen, verkauften ihren Anteil (15,38 Prozent) an der Thyssen AG 1995, zwei Jahre später schieden sie aus dem Aufsichtsrat aus, seither ist kein Familienmitglied mehr am Unternehmen beteiligt. 1999 fusionierten die Thyssen AG und die Friedrich Krupp AG Hoesch-Krupp zur Thyssenkrupp AG. Das börsennotierte Unternehmen hat 162 000 Beschäftigte, 21 Prozent der Aktien hält die Alfried Krupp von Bohlen und Halbach-Stiftung.

August Thyssen hatte geschäftlich alles erreicht. Nur an dem, was ihm eigentlich in die Wiege gelegt worden war, schien er gescheitert zu sein: der Gründung einer starken Familiendynastie mächtiger Industrieller. Die Welt, in die August Thyssen als drittes Kind und erster Sohn am 17. Mai 1842 geboren wurde, war laut und staubig gewesen. Sein Geburtshaus lag auf dem Werkgelände der väterlichen Drahtfabrik in Eschweiler bei Aachen, zu den Schichtwechseln zogen die Arbeiter am Haus vorbei. Der Junge und seine anfangs acht Geschwister – eine Schwester starb mit acht, ein Bruder mit elf Jahren – wuchsen mit dem Fauchen der Öfen, dem Schlagen der Hämmer und Heulen der Walzen, dem Geruch von Kohle, Schwefel und heißem Metall auf. Ein Walzwerk war Mitte des 19. Jahrhunderts ein archaisch-schmutziges Konglomerat schäbiger Nutzbauten auf weitgehend unbefestigtem Gelände. Aus jeder Ritze qualmte, lärmte und stank es.

Der Vater Friedrich, 1804 geboren, war einerseits Spross einer seit dem 17. Jahrhundert im Rheinland etablierten, zutiefst katholischen Bürgerfamilie, andererseits aber auch ein echter Selfmademan der industriellen Revolution. In seiner Ahnenreihe finden sich Gutsbesitzer und Bäckerinnungsmeister, Ratsmitglieder und hochrangige Beamte. Die Thyssens waren nicht übermäßig reich, aber auch seit Generationen nicht arm gewesen. Friedrichs Vater Nikolaus, 1763 geboren, hatte zu den Ersten gehört, die im westlichen Rheinland in die entstehende Industrie investierten. Doch er starb schon 1814, und die Familie drohte – typisch für die Zeit – ins unversicherte Nichts zu stürzen.

Klar, dass Friedrich mit zehn Jahren die Schule abbrechen musste; einige Jahre später starb auch die Mutter. Die bürgerlich-verwandtschaftlichen Bande hielten dennoch, ein Onkel ermöglichte ihm die Lehre in einer Bank. Nur 15 Jahre später war Friedrich Geschäftsführer der Drahtfabrik, an der einst sein Vater Anteile gehalten hatte. Der Wiederaufstieg der Familie Thyssen begann – und er verlief steil. Später sollte Friedrich eine eigene Bank und eine Versicherungsgesellschaft besitzen, er wurde Miteigentümer des Eschweiler Walzwerks und der Metallurgischen Gesellschaft zu Stolberg. Der Waisenjunge hatte sich mit familiärer Hilfe zum Unternehmer hochgearbeitet. Es war eine Lehre, die er verinnerlichte und die den Wertekanon der Familie Thyssen definieren sollte: Wer die Ärmel hochkrempelt und seine Ziele fleißig, selbstbewusst und mit Härte verfolgt, der darf die Familie hinter sich wissen.

Ihr Erfolg wurde kollektiv erlebt und als Frucht einer dezidiert bürgerlichen Gesinnung: Es war eine neue Art des Standesbewusstseins. Jahrhundertelang waren Bürger die wichtigen, aber kleinen Räder im Getriebe der Gesellschaft gewesen, stets »zweitklassig« unter dem Adel. Jetzt, als Wirtschaftsbürger und Unternehmer, waren sie es, die das ganz große Rad drehten. Friedrich Thyssen fühlte sich als Teil dieses Bürgertums, das sich seinen Platz in der Welt aus eigener Kraft und in direkter Konkurrenz zum Adel erobert hatte. Er gab das an seine Kinder weiter. August Thyssen und seine Geschwister wuchsen in dem stolzen Bewusstsein auf, dem alten, privilegierten Adel letztlich sogar überlegen zu sein: Teil einer neuen, kraftvollen Bürgerelite, die es mit Werten und eisernem Willen zu Reichtum und Einfluss bringen konnte. Und möglich wurde das vor allem durch familiären Zusammenhalt und eine strikte Ausrichtung der Lebensführung an gesetzte Ziele.

Schon Friedrich Thyssen hatte das vorgelebt und quasi strategisch geheiratet. Mit kirchlicher Erlaubnis ehelichte er seine Cousine Katharina Thyssen und ließ so die verschiedenen im Aachener Raum ansässigen Zweige der Familie noch enger zusammenrücken. Es war, als folgte der Clan einem Plan. August war für Höheres vorgesehen: Auf seine Schulzeit folgten Studien an der Polytechnischen Schule in Karlsruhe und an der Handelshochschule Antwerpen, wo er lernte, was er für das Geschäft brauchen würde. Fächer wechselte und auf Abschlüsse verzichtete er, es ging um nutzbares Wissen, nicht um Prestige. Erste Berufspraxis sammelte er dann nach kurzer Militärzeit in der familieneigenen Bank.

So gerüstet, lieh er sich vom Vater 8000 Taler, zog nach Duisburg und eröffnete mit Verwandten und einem belgischen Partner 1867 ein erstes Bandeisen-Walzwerk. Vier Jahre später trennten sich die Wege der Partner. Thyssen investierte seinen Erlös: In Styrum bei Mülheim entstand das Walzwerk Thyssen & Co., die Keimzelle des späteren Weltkonzerns. Vater Friedrich wurde Teilhaber, nach seinem Tod rückte 1877 Joseph, der jüngere Bruder, nach. Mit rund 60 Angestellten begann Thyssen, die Brachen des westlichen Ruhrgebiets zu erschließen. Klar, dass die Begründung einer Familiendynastie längst Teil des Planes war.

Im November 1872 heiratete der 31-jährige August Thyssen die erst 18-jährige Hedwig Pelzer, Tochter einer einflussreichen Gerberfamilie aus Mülheim. Hedwig galt als hübsche, lebenslustige Frau, August Thyssen als knallharter, stets kühl kalkulierender Unternehmer. Allzu viele Interessen teilten die Eheleute wohl nicht: Das Gesellschaftsleben interessierte August nicht, und Kohle war ihm näher als Kunst.

Die Ehe dürfte kaum glücklich verlaufen sein, war aber immerhin fruchtbar. Ein Jahr nach der Hochzeit wurde Sohn Fritz geboren, dann mit je einem Jahr Abstand August junior und Heinrich. Fortan gingen die Eheleute offenbar auf Abstand:

Hedwig Pelzer, die emsig am gesellschaftlichen Leben teilnahm, während ihr Mann ein Unternehmen nach dem anderen übernahm oder gründete, wurden mindestens eine, wenn nicht gar zwei Affären nachgesagt. Thyssen ignorierte das – bis zur Geburt von Tochter Hedwig 1878. Sie, argwöhnte er, sei möglicherweise nicht sein Kind, was er seiner Frau auch so sagte: ein Akt großer emotionaler Kälte, den die Tochter ihm später vermutlich nie ganz verzieh. In einer Verhandlung über die Bedingungen der Scheidung brachte Thyssen sogar die Möglichkeit ins Spiel, die Tochter vom Erbe auszunehmen oder nur geringfügig zu bedenken.

Doch so weit ging er vorerst doch nicht. Stattdessen handelte er mit seiner Frau 1885 einen Scheidungsvertrag aus, der darauf abzielte, den Konzern und damit sein Lebenswerk zu bewahren. Hedwig willigte gegen Zahlung einer jährlichen Apanage ein, auf ihre Anteile an den Unternehmen zu verzichten, wenn die gesamten Firmen in vier Anteilen komplett den Kindern überschrieben würden. August Thyssen behielt sich allerdings vor, die operative Kontrolle über den Konzern auf Lebenszeit zu behalten. Die Kinder sollten zudem beim Vater aufwachsen – von einer Gouvernante betreut, aber ohne viel väterliche Zuwendung, wie sich zeigen sollte. Der kühle Geschäftsmann Thyssen konnte ihnen die Wärme, die die Mutter den Kindern gegeben hatte, nicht bieten. Thyssen hatte damit seine Unternehmen gerettet, aber, wohl ohne dass er es ahnte, die Saat dafür gelegt, dass sich seine Familie nicht zu einer Dynastie, sondern zu einem tief zerstrittenen Haufen entwickeln würde.

Seine Nachkommen waren im Wortsinn Kinder der Kaiserzeit und in ein – wie man heute sagen würde – ultrareiches Elternhaus geboren. Damit hatten sie Zugang zu elitären Kreisen, und das hieß vor allem zum Adel. Dass seine Söhne nicht

Familien(un)frieden: Stahlbaron August Thyssen (M.) mit seiner Tochter (2. v. l.) und Enkeln. Thyssen drängte seine Tochter wie auch seinen zweitältesten Sohn aus dem Unternehmen.

den Willen mitbrachten, sich ganz und gar in Geschäft und Arbeit zu stürzen, sah Thyssen als verbreitetes Problem einer in Luxus aufwachsenden Generation. Dass selbst seinem Sohn und designierten Nachfolger Fritz »der eiserne Fleiss« fehle, sei etwas, »das bei reichen Kindern leider üblich ist«. Dass sie alle sich bemühten, Zugang zu Adelskreisen zu erlangen, verärgerte ihn allerdings. Alle Söhne wurden gegen seinen Willen Mitglieder adeliger Offizierskorps.

Thyssen, der nicht mehr heiraten sollte, bemühte sich nie um einen adeligen Titel. Seine Ex-Frau Hedwig hingegen heiratete noch zweimal und zelebrierte ein echtes adeliges High-Society-

Leben. Ihren Kindern lebte sie vor, wie die Dinge hätten sein können, hätte der Patriarch nicht für alle ein bürgerlich-diszipliniertes Leben geplant.

Treu zur Seite stand Thyssen noch immer der Bruder Joseph, und auch mit seinen älteren Schwestern hielt er zeitlebens intensiven Kontakt. Dafür verlor er die nächste Generation: Der dichte, emotionale Familienverbund, der die Thyssens einst zu erstem Wohlstand gebracht hatte, blieb in August Thyssens eigener Familie ein erstrebtes, aber unerreichtes Ideal. Was er ihnen vorlebte, erschien den Kindern unnötig verbissen.

Denn wie hätten seine Söhne einen Aufsteigerstolz entwickeln sollen, wie er ihn einst fühlte? Wie hätten sie den Adel, der seit der Reichsgründung 1871 nun wieder die elitären Standards setzte, als Antagonisten wahrnehmen sollen? Als steinreicher Repräsentant des Establishments trug der Wirtschaftsbürger August Thyssen ja letztlich sogar einen ähnlichen Titel: Stahlbaron, geadelt durch Erfolg und Reichtum.

Anfang des neuen Jahrhunderts begann er, diesen Kulturbruch zwischen den Generationen wahrzunehmen und Zugeständnisse zu machen. Auch Thyssens Lebensstil wurde nun nach außen mondäner. Hatte er bisher stets in Werknähe gelebt, kaufte er mit Schloss Landsberg in Ratingen bei Essen nun ein höchst repräsentables Anwesen. Seine Kinder bauten sich Villen und Landsitze, und Thyssen hörte auf, ihre Lebensgestaltung zu kritisieren.

Tochter Hedwig heiratete in den Adel und spielte fortan nur noch eine geringe Rolle. Von Heinrich, seit seiner Heirat ungarischer Baron, verlangte er nicht mehr länger ein uneingeschränktes Engagement für das Geschäft. Er gestand ihm Aufgaben im Bank- und Auslandsgeschäft zu, die seinen Neigungen entsprachen. Und sein Sohn August? Den Konflikt mit dem hoch verschuldeten Lebemann konnte Thyssen 1918 doch noch beenden. Er kaufte dessen Erbrechte auf, als dieser erneut insolvent ging, und gestand ihm dafür eine Abfindung von 40 Millionen Reichsmark zu, die reichte, um bis zu seinem Tod 1943 ein für ihn hinreichend ausschweifendes Leben zu führen.

Nur Fritz arbeitete immer härter und weitete seinen Einfluss im Unternehmen aus. Als einziger Thyssen-Sohn folgte er damit dem bürgerlich-industriellen Lebensentwurf des Vaters. Es gelang ihm, den Erfolg des Unternehmens nach dem Ersten Weltkrieg weiter zu steigern. Seine Tochter Anita sollte nach dem Krieg und der Rehabilitierung der Familie Thyssen als Letzte noch einmal eine maßgebliche Rolle im Konzern spielen. Die Nachfahren von Fritz, Heinrich und Hedwig tun dies heute nicht mehr.

August Thyssen starb am 4. April 1926 auf Schloss Landsberg. Kurz zuvor war es ihm und Fritz gelungen, den größten Teil der deutschen Stahlindustrie unter dem Dach der Vereinigte Stahlwerke AG zusammenzuführen. Es war zeitweilig das größte Montanunternehmen der Welt, die Alliierten zerschlugen es nach 1945. Die zeitgenössische Presse verabschiedete Thyssen als »Mann mit mimosenhafter Scheu vor Öffentlichkeit« *(Deutsche Export-Revue)*, als »Einsiedler« mit »spartanischer Lebensweise« *(Deutsche Bergwerks-Zeitung)*, als »Wirtschaftsmacht« *(Vorwärts)*, als »größter Vollbringer der deutschen Eisenindustrie« *(Berliner Tageblatt)*. Als Begründer einer mächtigen Wirtschaftsdynastie feierte ihn niemand.

Schnelles Wissen

Welches ist das älteste Familienunternehmen der Welt?

Die meisten Firmen mit sehr langer Tradition finden sich in Japan. Kein Wunder also, dass auch das wohl älteste Familiengeschäft der Welt dort seinen Sitz hat: das Gasthaus Hoshi Ryokan in Awazu Onsen auf der Hauptinsel Honshu. Gegründet wurde es im Jahr 718, die Familie Hoshi führt es heute in 46. Generation. Es kann auf eine schier unglaublich lange Firmengeschichte von inzwischen mehr als 1300 Jahren zurückblicken, auch etliche kaiserliche Prinzen übernachteten bereits in dem Hotel.

Welches sind die weltweit größten Familienfirmen?

Die Bank Crédit Suisse hat in ihrem »CS Family 1000-Report« 2018 ein Ranking der nach Marktkapitalisierung größten Familienfirmen veröffentlicht – dazu zählt die Bank Unternehmen, bei denen Gründer oder deren Nachfahren mindestens 20 Prozent der Anteile oder der Stimmrechte halten. Auf Platz 1 steht in dieser Liste die Google-Mutterfirma Alphabet vor Facebook und dem chinesischen Alibaba-Konzern. Die erste deutsche Firma ist BMW auf Platz 27, auf Platz 33 folgt der Düsseldorfer Henkel-Konzern.

»VERBRECHEN GEGEN DAS VOLK«

Fritz Thyssen unterstützte die Nazis. Bei Kriegsbeginn allerdings wandte er sich von Hitler ab – und kam ins KZ.

Von Uwe Klußmann

Das Telegramm, das Reichstagspräsident Hermann Göring am 31. August 1939 vom NSDAP-Reichstagsabgeordneten Fritz Thyssen, dem ältesten Sohn von August Thyssen, erhielt, verblüffte die Naziführung. Darin schrieb der Industrielle: »Ich bin gegen Krieg« – und kündigte an, er werde an der Reichstagssitzung am 1. September nicht teilnehmen und auch dem Krieg gegen Polen, der an diesem Tag beginnen sollte, nicht zustimmen. Denn durch den Krieg, telegrafierte Thyssen an Göring, werde »Deutschland seiner Position als Weltmacht verlustig gehen«. Am 2. September 1939 emigrierte er zunächst in die Schweiz, dann nach Frankreich. »Pfui Teufel!«, schimpfte Propagandaminister Joseph Goebbels in seinem Tagebuch.

Nach seiner Flucht monierte Thyssen in Schreiben an Göring die »Außerkraftsetzung der Verfassung«. Und er warf dem NS-Regime vor, es habe bei den Novemberpogromen 1938 »die Juden in der feigsten und brutalsten Weise ausgeplündert und gepeinigt«. Schließlich schrieb er auch an Hitler. Thyssen warf dem »Führer« vor, dessen Politik sei »ein Verbrechen gegen das deutsche Volk«. Das NS-Regime reagierte prompt. Im November 1939 wurde Thyssen aus der NSDAP ausgeschlossen und am 1. Dezember 1939 aus dem Reichstag. Die Nazis enteigneten seinen Besitz, zu dem auch seine Beteiligung an den Vereinigten Stahlwerken gehörte, und erkannten ihm die Staatsbürgerschaft ab.

So endete seine jahrelange Kumpanei mit der Nazipartei. Im Widerstand gegen die Besetzung des Ruhrgebiets durch französische Truppen 1923 hatte sich Fritz Thyssen der NSDAP angenähert. Thyssen hatte damals führende Funktionen in Bergwerksunternehmen des väterlichen Konzerns. Im Herbst 1923, vor dem Putsch der Nazis vom 9. November, lernte Thyssen in München Hitler kennen. Er besuchte Versammlungen und spendete für die Partei und andere nationalistische Gruppierungen, bis 1932 insgesamt etwa 650 000 Reichsmark. Als sich die Weimarer Republik 1924 allmählich wieder zu stabilisieren begann, hielt er zunächst Abstand zur NSDAP. Doch in der Weltwirtschaftskrise setzte er von 1930 an erneut auf die Nazis. Der Partei trat er am 1. Mai 1933 bei.

Nationalsozialist im Sinne des Parteiprogramms und der Rassendoktrin der NSDAP aber war der nationalkonservative Katholik nicht. Das belegt der Theologe Günter Brakelmann in seiner Studie über Fritz Thyssen »Zwischen Mitschuld und Widerstand«. Thyssen träumte vom »wohlgeordneten Gefüge« eines autoritären Ständestaats alter Eliten. Den Totalitarismus jedoch lehnte er ab. Der Chef der Sicherheitspolizei und des Sicherheitsdienstes der SS Reinhard Heydrich kam daher im Januar 1940 zu der Einschätzung, Thyssen habe durch den »Einfluss stark konfessionell gebundener Kreise« letztlich

»volks- und staatsfeindliche Bestrebungen gefördert«. Nach der Niederlage Frankreichs lieferte das Regime in Vichy das Ehepaar Thyssen Ende 1940 an die Gestapo aus. Die Geheimpolizei sperrte die Thyssens später als »Sonderhäftlinge« in die Konzentrationslager Sachsenhausen, Buchenwald und Dachau.

Bei Kriegsende befreiten ihn die Amerikaner – und verhafteten ihn kurz darauf. Thyssen musste sich schließlich 1948 vor einer Entnazifizierungs-Spruchkammer verantworten. Die Kammer kam zu dem Schluss, bei ihm sei die »völlige Abkehr vom Nationalsozialismus erwiesen«. Die Spruchkammer stufte Thyssen als »minderbelastet« ein.

Als freier Mann reiste Fritz Thyssen 1949 zu seiner Tochter Anita in die argentinische Hauptstadt Buenos Aires. Dort starb er am 8. Februar 1951 an Herzversagen. Die Thyssen-Gruppe hatten die Alliierten nach dem Krieg liquidiert, 1953 wurde die August-Thyssen-Hütte-AG neu gegründet.

»LIEBER GELD VERLIEREN ALS VERTRAUEN«

Robert Bosch war wohl der sozialste unter den deutschen Konzerngründern. Als er starb, war die zukünftige Form seiner Firma unklar.

Von Johannes Bähr

Im Juli 1906 machte eine betriebliche Arbeitsordnung den Unternehmer Robert Bosch schlagartig berühmt. Darin hieß es: »Die tägliche Arbeitszeit währt 8 Stunden.« Bis dahin hatten in Deutschland nur zwei namhafte Firmen den Achtstundentag eingeführt. In den meisten musste täglich zehn Stunden lang gearbeitet werden. Dass nun ein Industrieller aus freiem Entschluss eine zentrale Forderung der Arbeiterbewegung umsetzte, war eine Sensation. Und Bosch ging noch weiter: Die Arbeiter seiner Firma hatten nicht nur eine kürzere Arbeitszeit, sie erhielten auch Löhne, die mehr als 60 Prozent über dem regionalen Branchendurchschnitt lagen.

Als Wohltaten verstand Bosch diese sozialen Pionierleistungen freilich nicht. Er verband sie mit geschäftlichem Kalkül: Der Achtstundentag ermöglichte es, die Fertigung auf Zweischichtbetrieb umzustellen. Durch die hohen Löhne konnte das Unternehmen seinen enormen Bedarf an Facharbeitern decken.

Für Bosch waren geschäftlicher Erfolg und hohe soziale Standards nicht voneinander zu trennen, sie bedingten sich gegenseitig.

Unter den Fabrikherren des Kaiserreichs war der Stuttgarter Elektroindustrielle nicht nur wegen seiner sozialen Aufgeschlossenheit, sondern auch wegen seiner politischen Einstellung eine Ausnahmeerscheinung. In Unternehmerkreisen brachte ihm das den Spitznamen »der rote Bosch« ein. Bosch, am 23. September 1861 als elftes von zwölf Kindern geboren, war zeit seines Lebens ein überzeugter Demokrat.

Schon in seinem Elternhaus in Albeck, einem kleinen Ort auf der Schwäbischen Alb bei Ulm, hatte ein freisinniger Geist geherrscht. Der Vater, ein gebildeter Gast- und Landwirt mit ausgeprägtem Gerechtigkeitssinn, war wie viele in Württemberg ein entschiedener Gegner Bismarcks und des preußisch-deutschen Obrigkeitsstaats. Seine Söhne nahmen sich ihn zum Vorbild. Gerechtigkeit, Demokratie, Toleranz und sozialer Ausgleich wurden für Robert Bosch zentrale Wertvorstellungen.

Als Robert acht Jahre alt war, zog die Familie aus Albeck nach Ulm. Dort absolvierte er nach dem Abschluss der Realschule eine Lehre als Feinmechaniker. Er begeisterte sich für Technik und war vom Aufstieg der Naturwissenschaften fasziniert, hatte aber keine festen beruflichen Vorstellungen. Als junger Geselle arbeitete er in mehreren deutschen Städten, war kurze Zeit Gasthörer an der Polytechnischen Schule in Stuttgart und brach anschließend in die USA auf, um Erfahrungen zu sammeln. Er erhielt dort eine Anstellung in einem Unternehmen, das eng mit dem Erfinder und Elektrotechniker Thomas Alva Edison zusammenarbeitete.

Doch die großen Erwartungen, die Bosch an das »Land der Freiheit« hatte, wurden bitter enttäuscht. Er wurde vorübergehend arbeitslos und musste feststellen, dass in Amerika »der Eckstein der Gerechtigkeit fehlte: die Gleichheit vor dem Gesetz«. Schon nach einem Jahr kehrte er nach Europa zurück, arbeitete zunächst bei Siemens Brothers in London und beschloss dann, sich mit einer eigenen Werkstatt in Stuttgart niederzulassen. Ausschlaggebend waren private Gründe: Im nahe gelegenen Obertürkheim lebte seine Verlobte Anna Kayser, die er bald darauf heiratete. Im November 1886 eröffnete Bosch in einem Hinterhof im Stuttgarter Westen eine »Werkstätte für Feinmechanik und Elektrotechnik«. Eine bestimmte Geschäftsidee hatte er nicht. Unterstützt von einem Mechaniker und einem Laufburschen, führte er verschiedenste Aufträge aus, verlegte Klingelanlagen, Telefonanschlüsse und Blitzableiter.

Bosch war kein Erfinderunternehmer. Seine Stärken waren ein hoher Qualitätsanspruch und die Fähigkeit, talentierte Mitarbeiter an sich zu binden. Einem von ihnen, dem gelernten Uhrmacher Arnold Zähringer, verdankte er, dass aus der Firma mehr wurde als eine Werkstatt für Elektroinstallationen. In den ersten zehn Jahren hatte das Geschäft kaum Gewinne abgeworfen. Bosch war auf jeden Auftrag angewiesen und hatte unter anderem einen Magnetzünder für stationäre Benzinmotoren nachgebaut. Seither hatte die Werkstatt auch Magnetzünder im Angebot. Als der Augsburger Motorradhersteller Rüb & Wegelin 1896 bei Bosch anfragte, ob er einen Niederspannungsmagnetzünder für Motoren mit einer Drehzahl von 1000 Umdrehungen pro Minute bauen könne, nahm sich Zähringer dieser Herausforderung erfolgreich an. Die Erfindung sprach sich unter Fahrzeugbauern im In- und Ausland herum. Bald konnte Bosch Vertretungen für Großbritannien und Frankreich vergeben.

Wenige Jahre später erfand sein technischer Leiter Gottlob Honold einen Hochspannungsmagnetzünder, der an Zuverlässigkeit und Leistungsfähigkeit allen bisherigen Zündmechanismen für schnell laufende Verbrennungsmotoren überlegen war. Als ein Wagen mit diesem Zünder 1906 den Grand Prix von Frankreich gewann, wurde Bosch zu einer Kultmarke der Automobilwelt.

Im selben Jahr konnte eine Niederlassung in New York eröffnet werden. Die Nachfrage auf dem rasch wachsenden Automobilmarkt der USA entwickelte sich so dynamisch, dass das Stuttgarter Werk seine Fertigung nun in amerikanischem Tempo steigerte. Aus einem noch handwerksähnlichen Betrieb wurde innerhalb von zehn Jahren eines der größten Industrieunternehmen Süddeutschlands. Die US-Tochter Bosch Magneto Company eröffnete ein eigenes großes Werk in Springfield, Massachusetts. Am Vorabend des Ersten Weltkriegs war Bosch eine Weltmarke. 88,7 Prozent des Umsatzes entfielen auf das Ausland.

Trotz des steilen Aufstiegs blieb Robert Bosch seinen Grundsätzen und seinem persönlichen Stil mit allen Eigenheiten treu. Er trug »Normalkleidung« aus natürlichen Stoffen, war Anhänger der natürlichen Heilkunde und lehnte Geldverschwendung ab. Sein Vermögen war für ihn eine Verpflichtung, um Nützliches für das Gemeinwohl zu leisten. Schon frühzeitig tätigte er Großspenden, an die Technische Hochschule Stuttgart, an einen Verein zur Förderung Begabter und für den Bau eines homöopathischen Krankenhauses. Im Ersten Weltkrieg spendete er die Gewinne aus dem Geschäft mit Rüstungsgütern – einer Kompensation für das weggebrochene Auslandsgeschäft – einer Stiftung für den Bau eines Neckarkanals.

Mehr als an seinem palastähnlichen Wohnsitz im Stuttgarter Villenviertel Gänsheide hing sein Herz am Boschhof, einem Gutsbesitz im oberbayerischen Mooseurach, den er 1912 erwarb, um durch die Kultivierung von Ödland und den Einsatz modernster Technik einen Beitrag zur Sicherung der Ernährung zu leisten. Seine Begeisterung für dieses Projekt wurde nur noch von seiner Leidenschaft für die Jagd übertroffen, dem einzigen Hobby, das er sich gönnte und dem er in drei eigenen, mustergültig gepflegten Revieren nachging.

Bosch nutzte seine Prominenz, um sich auch politisch zu engagieren. Während des Ersten Weltkriegs gehörte er einem Kreis um den liberalen Politiker Friedrich Naumann an, der für innenpolitische Reformen und gemäßigte Kriegsziele eintrat. Im Februar 1918 drängte er gemeinsam mit anderen bekannten Persönlichkeiten in einer Denkschrift auf sofortige Friedensverhandlungen. Einer Partei trat Bosch auch nach Gründung der Weimarer Republik nicht bei. Doch gab es wohl kaum einen anderen Industriellen dieses Rangs, der sich aus so tiefer Überzeugung zu den demokratischen und sozialen Grundlagen des neuen Staats bekannte. Bosch unterstützte die liberal geprägte Deutsche Hochschule für Politik, gehörte zu den Gründungsmitgliedern der Deutschen Liga für den Völkerbund und trat vorbehaltlos für das von den Wirtschaftsverbänden bekämpfte Betriebsrätegesetz ein.

Innerhalb des Unternehmens wurden Boschs Prinzipien zur Grundlage einer ganz eigenen Firmenkultur. Zu den festen Grundsätzen gehörte das Streben nach hoher Qualität, Verlässlichkeit und Kundennähe, aber auch, dass niemand wegen seiner Weltanschauung oder Religionszugehörigkeit benachteiligt werden durfte. Was heute als Corporate Identity und wertbezogene Unternehmensführung gilt, praktizierte Bosch bereits höchst erfolgreich.

Er verstand es auch, seine Prinzipien in Botschaften mitzuteilen, die heute nicht weniger beeindrucken als damals: »Immer

Kritisch: Robert Bosch stand für eine werteorientierte Firmenkultur. Hier prüfte er 1936 die Arbeit eines Lehrlings.

habe ich nach dem Grundsatz gehandelt, lieber Geld verlieren als Vertrauen. Die Unantastbarkeit meiner Versprechungen, der Glauben an den Wert meiner Ware und an mein Wort standen mir stets höher als ein vorübergehender Gewinn.« Die meisten »Boschler« waren stolz auf diese Werte. Wer jedoch die Erwartungen nicht erfüllte, hatte es schwer. Fehler ließ der Unternehmer weder den Werkleitern noch den Lehrlingen durchgehen.

Robert und Anna Bosch hatten drei Kinder, den Sohn Robert und die Töchter Margarete und Paula. Der Sohn war als Firmenerbe vorgesehen, doch erkrankte er bald nach dem Eintritt in das väterliche Unternehmen an Multipler Sklerose und starb 1921 mit 30 Jahren. Da eine Unternehmensnachfolge durch

Frauen damals unüblich war, wandelte Bosch die Firma 1917 in eine nicht börsennotierte Aktiengesellschaft um, übernahm den Vorsitz des Aufsichtsrats und beteiligte wichtige Mitarbeiter. Vier Jahre später gründete er die Vermögensverwaltung Bosch, die einst seine Anteile übernehmen sollte.

Die Ehe der Eltern war seit dem Tod des Sohnes zerrüttet. Angesichts seines Alters konnte Bosch nicht damit rechnen, dass sich die familiären Verhältnisse noch einmal ändern würden. 1927 verliebte er sich jedoch in die damals 39-jährige Sängerin Margarete Wörz. Er reichte die Scheidung ein, heiratete erneut und wurde im Alter von 67 Jahren noch einmal Vater eines Sohns, der wieder den Namen Robert erhielt. Drei Jahre später wurde die Tochter Eva geboren. Bosch änderte nun die Verfügungen über seine Nachfolge. Die abgegebenen Kapitalbeteiligungen erwarb er zurück. 1937 wurde die Robert Bosch AG in eine GmbH umgewandelt.

Aus dem operativen Geschäft zog sich Bosch Anfang der Dreißigerjahre nach und nach zurück. Er hatte 1926 nach einer schweren Krise des Unternehmens einen neuen Vorstand um seinen früheren persönlichen Sekretär Hans Walz eingesetzt, dem er vorbehaltlos vertraute. Nun beschäftigte er sich wieder intensiver mit politischen Initiativen. Er übernahm den Vorsitz der deutschen Fördergesellschaft für die Paneuropa-Union des österreichischen Publizisten Richard Nikolaus Coudenhove-Kalergi und trat in die Deutsch-Französische Gesellschaft ein.

Aus dem Ersten Weltkrieg hatte Bosch die Lehre gezogen, sich für die Aussöhnung zwischen den »Erbfeinden« Frankreich und Deutschland einzusetzen, die aus seiner Sicht auch den Schlüssel zu einer Einigung Europas bildete. Noch Anfang 1933 entschloss er sich zu einer privaten Initiative für die deutsch-französische Verständigung.

Der Nationalsozialismus bedeutete gewissermaßen die Umkehrung der Werte, für die Bosch eintrat. Der Stuttgarter Gauleiter Wilhelm Murr hasste den populären Unternehmer geradezu und ließ ihn dies nach der Machtübernahme der NSDAP in Württemberg spüren. Bosch befürchtete, in einem Konzentrationslager inhaftiert zu werden, Mitarbeiter bereiteten eine Fluchtroute in die Schweiz vor. Um das Unternehmen abzuschirmen, traten Walz und ein weiteres Vorstandsmitglied in die NSDAP ein, Walz später auch in die SS.

Eingriffe in die unternehmerische Autonomie blieben jedoch trotz wiederholter Konflikte mit der Gauleitung aus. Für Hitlers Pläne war die Fertigung des führenden deutschen Kraftfahrzeugausrüsters wichtiger als die Gesinnung des Vorstands, und das Unternehmen profitierte nach 1933 erheblich vom Aufschwung der Motorisierung.

Anders verhielt es sich mit dem Stuttgarter Zeitungsverlag, bei dem Bosch Mehrheitseigentümer war. Dort erschien die auflagenstärkste Zeitung der schwäbischen Metropole, das liberale »Stuttgarter Neue Tagblatt«, das bei den Nationalsozialisten als »Scheißdemokratenblättle« verpönt war. Unter massivem Druck musste Bosch den Zeitungsverlag abgeben.

Als Schlüsselunternehmen der Motorisierung war Bosch für die Aufrüstung im »Dritten Reich« von größter Bedeutung. Das Reichswehrministerium drängte schon Ende 1933 auf die Errichtung von »Ausweichbetrieben« im Innern des Reiches, da Stuttgart wegen der Nähe zur französischen Grenze nicht als sicherer Standort galt. Bosch fand sich damit ab, um sein Lebenswerk nicht zu gefährden. In den folgenden Jahren entstand in Kleinmachnow bei Berlin die Tochtergesellschaft Dreilinden Maschinenbau GmbH, die Flugmotorenzünder für die Luftwaffe fertigte. In einem neuen Werk in Hildesheim, der Elektro- und Feinmechanischen Industrie GmbH (später Trillke-Werke), wurden Lichtmaschinen, Anlasser und Zünder für Heeresfahrzeuge hergestellt.

Noch im Sommer 1935 lud Robert Bosch in der Hoffnung auf eine Verständigung mit Frankreich französische Kriegsveteranen unter dem Motto »Pioniere des Friedens« nach Stuttgart ein. Während in den eigenen Werken die Rüstungsfertigung hochgefahren wurde, ergriff er eine private Initiative für den Erhalt des Friedens und stellte dafür den früheren Leipziger Oberbürgermeister Carl Friedrich Goerdeler als Berater ein. Goerdeler warnte auf Auslandsreisen Geschäftspartner und Regierungsvertreter vor Hitlers Plänen – vergebens. Doch in Berlin konnte er gemeinsam mit hohen Offizieren einen Widerstandskreis bilden.

Auch der Verfolgung der Juden wollte Bosch nicht tatenlos zusehen. Es gibt keinen Hinweis auf jüdische Mitarbeiter des Unternehmens, doch bestanden vielfältige Verbindungen zu jüdischen Fabrikanten, Bankiers und Wissenschaftlern. Nachdem in Stuttgart Ende 1938 eine Jüdische Mittelstelle entstanden war, die sich um die Freilassung Verhafteter und Genehmigungen zur Auswanderung bemühte, unterstützte Walz deren Arbeit zwei Jahre lang durch geheime Zahlungen aus einem Wohlfahrtskonto des Unternehmens. Jüdische Hilfskomitees in den Niederlanden erhielten über ein Privatkonto in Amsterdam hohe Beträge zur Unterstützung der Emigranten.

Bosch lehnte es ab, von »Arisierungen« zu profitieren. Gleichwohl gelangten einige »arisierte« Immobilien und Kapitalbeteiligungen in seinen Besitz, die indirekt oder auf Drängen der Verkäufer übernommen wurden. Nur in einem Fall erzwang ein Geschäftsführer von Bosch den Verkauf: der als »jüdischer Mischling« geltende Industrielle Siegmund Loewe musste seine

Beteiligung an der Fernseh AG abgeben; Bosch, Loewe und andere hatten die Firma 1929 gegründet, um das Fernsehen zu entwickeln.

Nach Kriegsbeginn herrschte zwischen der Bosch-Geschäftsführung und den zuständigen Parteidienststellen ein »Burgfrieden«. Das Unternehmen bestritt nun rund zwei Drittel seines Umsatzes mit Rüstungsaufträgen und wurde als nationalsozialistischer Musterbetrieb ausgezeichnet. In allen Werken kamen in wachsendem Umfang Zwangsarbeiter zum Einsatz, denen es bei Bosch trotz des sozialen Anspruchs des Unternehmens nicht besser erging als in anderen Großbetrieben. Robert Bosch war zweifellos über den Zwangsarbeitereinsatz in den Jahren 1940/41 im Bilde, doch sind keine Äußerungen von ihm hierzu überliefert.

Walz gehörte weiterhin der SS als Ehrenoffizier an und war Mitglied im sogenannten Freundeskreis Reichsführer SS, inzwischen freilich mehr zur Tarnung. Er deckte die konspirativen Aktivitäten Goerdelers, der zum zivilen Kopf der Verschwörung vom 20. Juli wurde. Bosch war in die Pläne der Verschwörer wohl nicht im Detail eingeweiht. Gefallen hätte ihm ein Attentat schon. »Warum bringt denn den Kerle niemand um?«, soll er im privaten Kreis über Hitler gesagt haben.

Eine persönliche Sternstunde war Bosch noch einmal bei der Eröffnung des Stuttgarter Robert-Bosch-Krankenhauses im April 1940 vergönnt. Die Errichtung des damals modernsten homöopathischen Krankenhauses, das er anlässlich des 50. Unternehmensjubiläums gestiftet hatte, war ihm ein besonderes Anliegen und bedeutete auch ein Vermächtnis. Ein halbes Jahr nach seinem 80. Geburtstag starb Bosch am 12. März 1942 an den Folgen einer Mittelohrentzündung. Wenige Tage zuvor hatte er Theodor Heuss, einen liberalen Mitstreiter aus

HEUTE

Robert Bosch GmbH

Eigentümer
92 % Robert Bosch Stiftung, 7 % Familie Bosch

Umsatz (2019)
77,7 Mrd. Euro

Gewinn nach Steuern
2,1 Mrd. Euro

Mitarbeiter
398 150

Geschäftsfelder
Autoteile, Anlagenbau, Energietechnik

der Weimarer Zeit, beauftragt, eine Biografie über ihn zu verfassen. Zum Begräbnis ordnete Hitler einen Staatsakt an, gegen den sich Bosch nicht mehr wehren konnte.

In den letzten Jahren seines Lebens hatte sich Bosch intensiv mit der Regelung seines Vermächtnisses beschäftigt. Er wusste, dass er einen minderjährigen Sohn als möglichen Nachfolger hinterlassen würde, und konnte sich nicht sicher sein, wie die Zukunft des Landes aussehen würde. Angesichts dieser Unwägbarkeiten setzte er ein Gremium von Testamentsvollstreckern ein, das innerhalb von 30 Jahren zu entscheiden hatte, ob die Robert Bosch GmbH ein Familienunternehmen bleiben oder von der Vermögensverwaltung Bosch erworben werden sollte.

1964 einigten sich die Testamentsvollstrecker und die Erben auf die zweite Lösung. Heute gehören 92 Prozent des Stammkapitals der Robert Bosch GmbH der Robert Bosch Stiftung, die aus der Vermögensverwaltung Bosch hervorgegangen ist. Die Stiftung ist dem Auftrag verpflichtet, den Bosch in seinem Vermächtnis der Vermögensverwaltung erteilt hat: »Gesundheit, Erziehung, Bildung, Förderung Begabter, Völkerversöhnung und dergleichen« zu fördern.

Eine Dynastie hat Bosch nicht begründet. Er hätte es wohl gern getan, aber am wichtigsten war ihm, dass sein Lebenswerk in einer Form weitergeführt wurde, die seinen Vorstellungen und Prinzipien entsprach. Dass die Gewinne der Robert Bosch GmbH in gemeinnützige Projekte fließen, ist ganz im Sinne seines Vermächtnisses.

Johannes Bähr ist apl. Professor für Wirtschafts- und Sozialgeschichte an der Johann Wolfgang Goethe-Universität Frankfurt am Main.

HINAUS IN DIE WELT

Viele deutsche Familienunternehmen sind schon seit Generationen im Ausland aktiv. Sie profitierten vom internationalen Markt – und er von ihnen.

Von Armin Mahler

Es ist wieder viel von Globalisierung die Rede in diesen Tagen, allerdings jetzt oft verbunden mit einer Vorsilbe: De-Globalisierung. Die weltweite Verflechtung der Wirtschaft habe ihren Höhepunkt überschritten, heißt es dann, manche sprechen und schreiben sogar vom Ende der Globalisierung. Tatsächlich gibt es viele Belege für diese These: Der Kampf um die wirtschaftliche Vorherrschaft zwischen China und den USA wird den Welthandel bremsen, Protektionismus und Schutzzölle sind auf dem Vormarsch, und das Coronavirus hat auf brutale Weise gezeigt, wie verletzlich eine global verflochtene Ökonomie ist.

Für Deutschland und seine bislang so erfolgreichen Familienunternehmen sind das schlechte Aussichten. Die deutsche Wirtschaft war der große Gewinner der Globalisierung, der Wohlstand der Nation beruht zu großen Teilen auf den Erfolgen der Exportindustrie. Nirgendwo sonst gibt es so viele »Hidden Champions«, Unternehmen, die in ihren jeweiligen

Märkten zu den Top Drei der Welt gehören. Und das nicht erst seit heute. Schon immer haben deutsche Unternehmen Erfolg auch jenseits der Landesgrenzen gesucht: Der deutsche Markt war zu klein, wer richtig groß werden wollte, musste hinaus in die Welt. Um dort erfolgreich zu sein, bedurfte es innovativer Produkte und hochwertiger Qualität. »Made in Germany«, 1887 in England zunächst als Warnung aufgedruckt, wurde zum Gütesiegel. Aus kleinen Familienbetrieben wurden Weltunternehmen: »Global Player«, wie man heute sagt.

Als die Firmen gegründet wurden, gab es diesen Begriff noch nicht, das Phänomen aber schon. Es lässt sich darüber streiten, wann das Zeitalter der Globalisierung begann, gewöhnlich wird ihr Anfang auf die Epoche der Industrialisierung im 19. Jahrhundert datiert, bis zum Ersten Weltkrieg erlebte sie eine erste Blüte.

Wirtschaftlich verflochten war die Welt auch schon in den Jahren und Jahrhunderten davor, spätestens seit der Seeweg nach Indien und der Kontinent Amerika entdeckt worden waren. Damals wurde eine Kaufmannsfamilie aus Augsburg reich und mächtig, die man als Pionier der Globalisierung bezeichnen kann: die Fugger. Dieses Handelshaus, 1367 von dem Weber Hans Fugger in Augsburg gegründet, war durch Baumwollhandel und Bankgeschäfte groß geworden. Jakob Fugger, genannt »der Reiche«, baute daraus von Ende des 15. Jahrhunderts an ein europaweites Imperium, das in mehreren Ländern Kupfer, Silber, Zinnober und Quecksilber abbaute, zum Teil in eigenen Minen. Sein Neffe Anton trieb die Expansion nach Indien und Südamerika voran.

Die Fugger nutzten ihren für damalige Verhältnisse unvorstellbaren Reichtum, um Königshäusern finanziell unter die Arme zu greifen und sich politischen Einfluss zu sichern. Im

17. Jahrhundert zogen sie sich nach und nach aus den Geschäften zurück. Die Nachfahren der Fugger verwalten heute das Forst- und Landvermögen, das ihnen geblieben ist, und die Stiftungen, die ihre Vorfahren gegründet haben. Zum Beispiel die Fuggerei in Augsburg: In diesen ältesten Sozialwohnungen der Welt wohnen auch heute noch 150 bedürftige Bürger für 88 Cent Jahreskaltmiete. Täglich sollen sie, so ist es festgeschrieben, drei Gebete für die Stifterfamilie sprechen.

Zunächst war es der Handel, der unterschiedliche Länder und Kulturen miteinander verband. Doch der Transport war teuer, weshalb er sich vornehmlich auf Luxusgüter beschränkte. Erst die Industrialisierung brachte seit dem späten 18. Jahrhundert den technischen Fortschritt, der die Produktion und den weltweiten Vertrieb von Massengütern möglich machte.

Auch Lothar Faber konnte erst dank der Erfindung der Dampfmaschine die Bleistifte, die sein Familienbetrieb damals schon in dritter Generation herstellte, industriell fertigen. Er hatte in den damaligen Handelsmetropolen Paris und London Erfahrungen gesammelt und vor allem ein Ziel: »... mich auf den ersten Platz emporzuschwingen, indem ich das Beste mache, was überhaupt auf der Welt gemacht wird.« Das gelang: Faber konstruierte 1851 den sechskantigen Bleistift, der nicht mehr vom Tisch rollen konnte, beschriftete ihn mit dem Firmennamen »A. W. Faber« – und fertig war einer der ersten Markenartikel der Welt. Heute ist Faber-Castell eine Weltmarke und noch immer, inzwischen in achter Generation, in Familienhand.

Mit der Industrialisierung begann eine Gründerzeit, die Deutschland innerhalb weniger Jahrzehnte von einem Agrarland in eine führende Wirtschaftsmacht verwandelte. Damals entstanden viele der Firmen, die noch heute den Ruf der deutschen Industrie begründen. Sie profitierten alle von der neuen

International: Die Firma A. W. Faber exportierte ihre Stifte bereits um 1910, die Etiketten spielten mit Exotik und Fernweh.

Zeit, der ersten großen Ära der Globalisierung – und trieben diese selbst mit voran.

Dem Stahlkonzern Krupp, 1811 von Friedrich Krupp gegründet, eröffnete der Eisenbahnboom im In- und Ausland neue Märkte, seinen Durchbruch verdankt der Konzern vor allem der Erfindung des nahtlosen Radreifens für die neuen Züge, später auch seinen Kanonen. Friedrichs Sohn Alfred setzte auf Innovationen, er richtete eigene Versuchswerkstätten und Labors ein und beschritt damit einen Weg, der viele deutsche Unternehmen in den folgenden Jahren erfolgreich machte. Denn wer sich in fernen Ländern gegen die dort heimische

Konkurrenz durchsetzen will, der muss, damals wie heute, besser sein als diese, innovativer und produktiver. Schließlich gilt es, die Kostennachteile zu überwinden, die allein schon durch den Transport, die notwendige Vertriebsorganisation und die Sprachprobleme entstehen.

Mit Massenprodukten war das schwer zu schaffen, und es ist eine bittere Ironie, dass der Krupp-Konzern, in dem inzwischen die Alfried Krupp von Bohlen und Halbach-Stiftung das Sagen hat, heute wieder vom Massenprodukt Stahl abhängig ist und – wie schon mehrmals in seiner Geschichte – ums Überleben kämpft.

Ab Mitte des 19. Jahrhunderts aber herrschte Aufbruchstimmung, nicht nur bei Krupp. Es waren wirtschaftlich betrachtet goldene Jahre und Jahrzehnte. Der Ausbau der Eisenbahn, die Dampfschifffahrt, die Erfindung der Telegrafie sorgten für eine Beschleunigung und Vernetzung der globalen Aktivitäten, wie sie zuvor unvorstellbar schienen. Gleichzeitig setzte die zweite Phase der Industrialisierung ein, in der nicht mehr das verwendete Material den Wert eines Produkts bestimmte, sondern das eingesetzte Wissen. Der technische Fortschritt schuf das ideale Umfeld für Männer wie Werner Siemens oder Robert Bosch.

Werner Siemens war »ein mittelloser preußischer Artillerieoffizier, der Sohn eines verarmten Gutspächters, der mehrere Brüder durchfüttern musste«, wie der Historiker und Siemens-Biograf Johannes Bähr sagt. Die Strategie des Unternehmers war von Anfang an auslandsorientiert – gezwungenermaßen. Das Unternehmen baute Telegrafenleitungen und war auf Staatsaufträge angewiesen. Als die ausblieben, musste es jenseits der Grenzen Ersatz suchen. 1851 lieferte Siemens & Halske (der Gründungspartner Johann Georg Halske stieg später aus der Firma aus) die ersten Schreibtelegrafen für die Linie St. Petersburg–Moskau. Es war der Beginn des florierenden Russlandgeschäfts.

Als es zu schwächeln begann, suchte Siemens in England einen neuen Markt, er fand ihn in der Verlegung von Seekabeln. Siemens baute transkontinentale Nachrichtenverbindungen von London nach Indien und über den Atlantik und schuf so eine Grundvoraussetzung für weitere globale Geschäfte. Werner Siemens selbst dachte sehr früh international, er gründete in Russland und Großbritannien Tochtergesellschaften, die seine Brüder Carl und Wilhelm leiteten, kurz vor seinem Tod plante er eine Niederlassung in den USA.

Er habe von Jugend an für die Gründung eines Weltgeschäfts à la Fugger geschwärmt, schrieb er als 71-Jähriger an seinen Bruder Carl. »Ich sehe im Geschäft erst in zweiter Linie ein Geldeswert-Objekt, es ist für mich mehr ein Reich, welches ich gegründet habe und welches ich meinen Nachkommen ungeschmälert überlassen möchte, um in ihm weiter zu schaffen.« Siemens dachte dynastisch, er wollte ein Familienunternehmen schaffen und nahm damit erhebliche Nachteile in Kauf: Weil es ihm an Kapital mangelte, konnten neue Konkurrenten wie die von Anfang an börsennotierte AEG aufholen.

Auch der deutschen Chemieindustrie, die vor dem Ersten Weltkrieg den Weltmarkt dominierte, wäre der Aufstieg ohne fremdes Kapital nie geglückt. Der Farbstoffhändler Friedrich Bayer hatte 1863 ein Unternehmen zur Herstellung synthetischer Farbstoffe gegründet, seine Erben wandelten es schon 1881 in eine AG um. Nur so konnten sie das rasante Wachstum finanzieren. 1913 erzielte Bayer 80 Prozent seines Umsatzes im Ausland.

In dieser Zeit erreichte die Globalisierung ihren ersten Höhepunkt. Der Anteil von Exporten am Bruttoinlandsprodukt

Auf der Gewerbeausstellung: Im Jahr 1879 präsentierte Siemens in Berlin die erste elektrische Kleinlok.

betrug rund 18 Prozent – die Bundesrepublik übertraf diesen Wert erst Anfang der Neunzigerjahre wieder. In den Jahren vor dem Ersten Weltkrieg ging es mit dem Welthandel bergab. Der Historiker Jochen Streb, der an der Universität Mannheim neuere deutsche Wirtschaftsgeschichte lehrt, sieht Parallelen zur Gegenwart: Globalisierung und Migrationsbewegungen verstärkten Ungleichheit, die Verlierer begehrten auf. Die Staaten begannen, ihre Wirtschaft mit Zöllen zu schützen.

Mit dem Krieg kam der Welthandel völlig zum Erliegen. Unternehmen wie Siemens, Bayer und Bosch verloren ihre gesamten Auslandsgeschäfte. Ihre Fabriken und Patente außerhalb Deutschlands wurden enteignet, und die ehemaligen Niederlassungen entwickelten sich, dank der alten Patente, zu

Konkurrenten. Mühsam versuchten die deutschen Unternehmen nach dem Krieg, im Ausland wieder Fuß zu fassen, was erneut nur mithilfe von Innovationen gelang.

Die Firma Bosch, 1886 von Robert Bosch als »Werkstätte für Feinmechanik und Elektrotechnik« in Stuttgart gegründet, hatte vor dem Ersten Weltkrieg eigentlich nur ein Produkt: die Zündkerze. In Deutschland aber gab es damals kaum Automobile. Das führende Autoland in Europa war Frankreich, und in den USA entwickelte sich ein Massenmarkt, nachdem Henry Ford 1908 die Fließbandfertigung eingeführt hatte. Bosch war deshalb auf die Auslandsmärkte angewiesen, dort erzielte das Unternehmen 1913 88 Prozent seines Umsatzes.

Nach dem Krieg führte Bosch neue Produkte ein: das Bosch-Horn, Scheibenwischer, die Batteriezündung und schließlich die Einspritzpumpe. Das Unternehmen baute Werkstätten, die sogenannten Bosch-Dienste, in aller Welt auf – und dennoch lag der Auslandsanteil zehn Jahre nach Kriegsende erst wieder bei 34 Prozent. Nach dem Börsencrash 1929 gelang es Bosch immerhin, die enteignete ehemalige US-Tochter zurückzukaufen.

Kaum aber hatten sich die Unternehmen ein wenig berappelt, folgte die Weltwirtschaftskrise, und die mündete schließlich in die nationalsozialistischen Autarkiebestrebungen. »Die deutsche Industrie war 20 Jahre aus dem Welthandel raus«, sagt der Historiker Streb. Bosch hatte zum zweiten Mal seine internationalen Standorte verloren, 50 Prozent der Werksanlagen waren nach dem Zweiten Weltkrieg zerstört. Erst 1960 stieg der Auslandsanteil am Umsatz wieder über 20 Prozent.

Nun aber, in Zeiten des Wirtschaftswunders, begann eine neue Welle der Internationalisierung. Jetzt richteten auch viele bis dahin eher unbedeutende Familienbetriebe ihr Geschäft international aus, aus kleinen, oft seit Generationen bestehenden Mittelständlern wurden globale Unternehmen. Dürr zum Beispiel, 1896 als Klempnerei gegründet und jahrzehntelang ein Zulieferbetrieb für den Maschinenbau, entwickelte sich in den Nachkriegsjahrzehnten zum führenden Hersteller von Lackieranlagen. Heinz Dürr, der Enkel des Gründers und spätere Bundesbahn-Chef, trieb die Internationalisierung voran, nachdem er 1960 in die Firmenleitung eingetreten war. 1964 gründete er in São Paulo die erste Auslandstochter. Aus nicht ganz uneigennützigen Gründen, wie er in seiner Autobiografie »In der ersten Reihe« einräumte: »In Brasilien war ich der Unternehmenschef, Señor Heinz, und mein erdrückender Vater war weit weg.«

Die Weltmärkte verflochten sich immer mehr, und deutsche Firmen wussten die Chancen zu nutzen: 1986 wurde Deutschland zum ersten Mal Exportweltmeister. Danach schufen der Fall des Eisernen Vorhangs 1989 und der Aufstieg Chinas weitere Absatzmärkte und kostengünstige Produktionsmöglichkeiten. Zudem verbilligte die Containerschifffahrt die Transportkosten, und das Internet beschleunigte die Kommunikation – so wie im 19. Jahrhundert die Dampfschifffahrt und die Telegrafie.

Dabei blieben Rückschläge für deutsche Unternehmen nicht aus. Große Übernahmen, vor allem in den USA, scheiterten – an unterschiedlichen Unternehmenskulturen und an der Hybris mancher Manager. Besonders spektakulär und teuer war die anfänglich als »Hochzeit im Himmel« gefeierte Fusion von Daimler und dem US-Autobauer Chrysler.

Familienunternehmen indes scheiterten nur selten bei solchen Abenteuern. Solche Firmen würden bei allzu waghalsigen Manövern das eigene Vermögen aufs Spiel setzen – und das kommender Generationen. Sie denken deshalb in der Regel langfristiger und agierten vorsichtiger bei der Eroberung fremder Märkte.

Inzwischen scheint auch die zweite Welle der Globalisierung ihren Höhepunkt überschritten zu haben. Der internationale Wettbewerb droht in Handelskriegen zu münden, und Unternehmen überprüfen ihre global vernetzten Lieferketten, um weniger anfällig für Schocks wie das Coronavirus zu werden. Gut möglich, dass künftig wieder mehr im eigenen Land produziert wird. Das kann auch für viele global ausgerichtete Familienunternehmen gefährlich werden. Sie müssen sich auf ein völlig neues Umfeld einstellen: auf eine Weltwirtschaft, die weniger wächst, und auf Wettbewerber, die durch Zölle geschützt werden.

Wer in solchen Zeiten erfolgreich sein will, muss noch besser sein als die Konkurrenz. Denn innovative Produkte werden wohl immer ihre Abnehmer finden. Dräger, eines der größten deutschen Familienunternehmen, 1889 in Lübeck gegründet, konnte sich von Rückschlägen stets erholen, weil seine technisch führenden Atemschutzgeräte bei Feuerwehren, Grubenwehren und Krankenhäusern in aller Welt begehrt waren. Heute, in der größten Wirtschaftskrise seit dem Zweiten Weltkrieg, sind sie es wieder: Das Unternehmen, in fünfter Generation von Stefan Dräger geführt, kann gar nicht so viele Beatmungsgeräte produzieren, wie derzeit nachgefragt werden. Und mitten in der Krise baut es in den USA ein neues Werk für Atemschutzmasken.

Schnelles Wissen

Wann wurden die ersten Manager eingestellt?

Bis in die zweite Hälfte des 19. Jahrhunderts waren Firmeneigentümer und Firmenchef meist identisch, Mitglieder der Gründerfamilie besetzten die Leitungsposten. In den USA wurden in den 1850er- und 1860er-Jahren erstmals familienfremde Leitungskräfte eingesetzt, vor allem in Eisenbahnunternehmen und Firmen, welche die Telegrafenleitungen unterhielten, danach in großen Einzelhandelsunternehmen. Von 1870 an gab es in Deutschland familienfremdes Leitungspersonal, seit den 1950er-Jahren »Manager« genannt.

DIE CHEFINNEN

Einige Frauen übernahmen Leitungsfunktionen in familieneigenen Konzernen. Andere begründeten gleich selbst eine Familiendynastie.

Margarethe Krupp

1854 bis 1931

Nach dem Tod ihres Mannes Friedrich Alfred Krupp leitete sie für mehrere Jahre die Krupp-Gussstahlfabrik und wandelte sie in eine Aktiengesellschaft um. Daneben engagierte sie sich sozial und kulturell und richtete mehrere Stiftungen ein.

Liz Mohn

geboren 1941

1982 heiratete die ehemalige Telefonistin Reinhard Mohn, der das 1835 gegründete Druck- und Verlagshaus Bertelsmann (das indirekt auch Anteile am SPIEGEL hält) zu einem weltweit agierenden Medienunternehmen ausbaute. Seit dem Tod ihres Mannes 2009 kontrolliert sie den Konzern.

Kreativ: Die Kunsthandwerkerin Käthe Kruse im Jahr 1955 mit zwei von ihr gestalteten Puppen.

Käthe Kruse

1883 bis 1968

Sie war einige Jahre lang Schauspielerin und trat unter anderem am Lessingtheater in Berlin auf. Während eines Aufenthalts in der Schweiz bastelte sie für ihre eigenen Töchter zum ersten Mal Puppen. Warm, weich und ein wenig schwer sollten sie sein, wie ein echtes Baby eben. 1910 präsentierte sie einige ihrer Puppen in einem Berliner Warenhaus – die Ausstellung wurde ein großer Erfolg und sie über Nacht berühmt. Ein US-amerikanischer Spielzeughändler bestellte 150 der handgefertigten Exemplare. Kurz darauf gründete sie ein Unternehmen und begann mit der Serienproduktion.

Grete Schickedanz
1911 bis 1994
Sie heiratete 1942 Gustav Schickedanz, der einen Versandhandel betrieb, 1932 in die NSDAP eingetreten war und sich Firmen von jüdischen Eigentümern teilweise unter Wert aneignete. Von 1949 an baute das Paar das Versandhaus »Quelle« auf. Nach seinem Tod 1977 übernahm Grete die Leitung. Ihre Tochter Madeleine verlor nach der Insolvenz des Unternehmens, das mit Karstadt zur Arcandor AG fusioniert hatte, 2009 einen Teil ihres Vermögens.

Melitta Bentz
1873 bis 1950
Kaffeesatz ärgerte sie, also erfand sie den vorgefertigten Einwegkaffeefilter, ließ ihn 1908 beim kaiserlichen Patentamt schützen und gründete ein Unternehmen für die Herstellung.

Catharina Cramer
geboren 1978
Sie trat im Juli 2006 in die Geschäftsführung der Großbrauerei Warsteiner-Gruppe ein und wurde neben ihrem Vater Albert geschäftsführende Gesellschafterin. Das historische Erbe ist enorm, die Brauerei existiert bereits seit 1753. Als ihr Vater 2012 starb, wurde sie alleinige Eignerin und auch Chefin des Unternehmens. 2015 zog sie sich weitgehend aus dem Tagesgeschäft zurück und konzentrierte sich seither auf ihre Aufgabe als geschäftsführende Gesellschafterin.

Margarete Steiff

1847 bis 1909

Ärzte prophezeiten ihr, sie sei wegen ihrer Kinderlähmung »unfähig für den Vollgenuss des irdischen Lebens«. Obwohl sie zeitlebens auf Hilfe angewiesen blieb, erfand sie den »Teddy« und baute eine weltweit tätige Spielzeugfirma auf.

GANZ OBEN

269 Zimmer, ein riesiger Park und mehr als 600 Bedienstete: In der Villa Hügel umschmeichelten die Krupps ihre Kunden.

Von Martin Pfaffenzeller

Im April 1870 marschierten mehr als 700 Arbeiter auf einen Hügel im Süden der Stadt Essen. In den Händen hielten sie Schaufeln, Hacken und Kellen. Auf einem offenen Platz begannen sie, den Boden zu graben, zu planieren und zu untermauern. Das Fundament hatte den Umfang eines Palastes. Bauherr aber war kein König, sondern der Stahlunternehmer Alfred Krupp.

Krupp, 58 Jahre, weißer Bart, gerader Rücken, inspizierte die Baustelle häufig, sah zu, wie die Arbeiter täglich mehr als 20000 Ziegel aufeinandersetzten und die tonnenschweren Steinblöcke aus einem französischen Steinbruch zersägten. Als er einmal einen Kalkeimer ungenutzt herumstehen sah, schrieb er dem Bauleiter eine scharfe Rüge. Ständig trieb er zur Eile. Unter Zeitdruck verzichtete der Bauleiter darauf, den Grund unter dem Areal genauer zu untersuchen. Das war riskant, denn durch den Hügel verliefen die Schächte eines alten Bergwerks.

Am 23. Dezember 1870 gab der Boden nach, und ein Teil des Gebäudes sackte um 20 Zentimeter ab. Krupp degradierte den

Bauleiter mit den Worten: »Wer schlafen oder in Städten sich amüsieren will, soll so eilig wie möglich machen, dass er fortkommt.« Auch der Nachfolger, der die Baustelle zwei Wochen später übernahm, hatte einen schweren Stand. Allmählich aber nahm die Villa Form an.

Im Dezember 1872, anderthalb Jahre später als geplant, war der Bau vollendet. Auf den ersten Blick glich das Gebäude mit den weißen Wänden und Säulen den klassizistischen Villen um Berlin, in denen die preußische Elite wohnte. Die Fassade des Krupp'schen Wohnsitzes aber zierten kaum Ornamente – und hinter ihr tat sich eine ganz andere räumliche Dimension auf: Die Halle im Erdgeschoss war ähnlich groß wie der Weiße Saal im Schloss des preußischen Königs, insgesamt umfassten Haupt- und Nebengebäude 269 Zimmer und 8100 Quadratmeter Wohnfläche. Die Villa war auf ein modernes Tragwerk aus Eisen und Stahl gestützt, bot Wasserklosetts für Bewohner, Gäste und Personal. Eine Telegrafenleitung verband den Wohnsitz mit der Stahlfabrik, und ein damals neuartiges Ventilationssystem blies warme Luft durch die Räume. Die Baukosten beliefen sich auf mindestens 5,7 Millionen Mark – heute entspräche das der Kaufkraft von 35 Millionen Euro.

Die Villa Hügel entstand in einer Zeit, in der bürgerliche Industrielle der Aristokratie die Führungsrolle im Reich streitig machten. Dennoch war der Wohnsitz kein Statussymbol, um mit den Schlössern der Aristokraten gleichzuziehen. Ganz im Gegenteil: Krupp grenzte sich wie viele Industrielle von der alten Elite ab – als der preußische König ihm einen Adelstitel anbot, soll er gesagt haben: »Ich heiße Krupp, das genügt.« Der Unternehmer sah seine neue Residenz als rein funktionales Bauwerk: Sie sollte ein edles Ambiente bieten, in dem er seine Kunden empfangen und umschmeicheln konnte. Der britische

Wirtschaftshistoriker Harold James bezeichnete die Villa daher als »Anhängsel der Fabrik«.

Aufgewachsen war Alfred Krupp in einem Bürgerhaus am Essener Flachsmarkt. Er stammte aus einer Kaufmannsdynastie, die durch Handel mit Zucker, Kaffee und Porzellan zu Wohlstand gekommen war. Mit dem Familienvermögen hatte sein Vater Friedrich 1811 ein Stahlunternehmen gegründet – ein Jahr vor Alfreds Geburt. Jahrelang machte die Firma nur Verluste. 1824 musste der alte Krupp den Wohnsitz im Stadtzentrum aufgeben. Um Geld zu sparen, zog er auf das Gelände seiner Stahlfabrik im Essener Westen. Mit seiner Frau und vier Kindern wohnte er in einem kleinen Fachwerkhaus mit Plumpsklo. Als der Vater zwei Jahre später starb, übergab die Mutter das Unternehmen an Alfred – da war er 14 Jahre alt.

Unter Alfred begann die Firma ihren sagenhaften Aufstieg. Krupp verkaufte stählerne Walzen und Stempel für Münzen, entwickelte Federn, Achsen und Räder für die Eisenbahn – Letztere zieren noch heute das Firmenlogo. Einen großen Teil seiner Zeit verbrachte der Jungunternehmer damit, die Produkte zu vermarkten: Er schrieb Briefe, reiste zu Kunden und stellte auf Messen aus.

Nach der Londoner Weltausstellung im Jahr 1851 schwärmte eine britische Zeitung von Krupps »schöner Stahlkanone«. Zur Pariser Messe vier Jahre später kam er mit einem tonnenschweren Stahlblock, den seine Arbeiter in einem aufwendigen Verfahren gegossen hatten. Der Koloss war so schwer, dass er durch den Hallenboden brach – der Vorfall machte Krupp international bekannt. Die Firma lieferte Münzstempel nach Brasilien, Kanonen nach Ägypten und Walzen für Löffel nach Russland, erwirtschaftete Gewinne und beschäftigte bald mehr als tausend Arbeiter.

Alfred Krupp war nun ein reicher Mann, aber er wohnte weiterhin in dem kleinen Haus auf dem Werksgelände, wo Maschinen lärmten und Abgase in der Luft hingen. Ein Anbau, den er neben das Haus setzen ließ, diente vor allem dem Geschäft: Darin befanden sich ein Schlafzimmer und ein kleiner Saal für Firmengäste. Seine Wohnstätte war beispielhaft für die Tugenden, die Krupp hochhielt: Ein Werkführer solle sich nicht mit »Studien, Kunst oder anderen Passionen« ablenken, sondern allein der Arbeit nachgehen, und zwar »mit Lust«.

Dass Krupp diesem Ideal zumindest manchmal nicht gerecht wurde, sollte ein zufälliger Archivfund mehr als hundert Jahre nach seinem Tod zeigen: Als 17-Jähriger wurde er mit einer Bauerntochter Vater eines unehelichen Kindes. Seine Angestellten wussten davon nichts – ihnen lebte er die protestantische Arbeitsethik vor: Fleiß, Sparsamkeit und Selbstbeherrschung.

Den Entschluss, ein neues Zuhause zu errichten, fasste Krupp erst 1859, als er verheiratet und Vater war. Seine Frau Bertha liebte Musik und Geselligkeit – das Leben im trostlosen Essen fand sie unerträglich. Sein Sohn Friedrich Alfred entwickelte ein starkes Asthma, vermutlich weil er seit seiner Geburt den Abgasen der Fabrik ausgesetzt war. Immer wieder flüchteten die beiden nach Berlin und Italien, um eine Kur zu machen.

Unternehmerisch drängte Krupp in dieser Zeit entschlossen ins Rüstungsgeschäft. Prinz Wilhelm von Baden kam um 1855 persönlich nach Essen, um Firma und Kanonen zu begutachten. Als dem Prinzen weitere Monarchen folgten, beschloss Krupp, dass er seinen gekrönten Kunden nicht mehr bloß gute Produkte bieten, sondern sie auch angemessen empfangen müsse. So ließ der Unternehmer auf dem Firmengelände ein luxuriöses neues Domizil mit Salon und noblen Gästezimmern bauen. Daneben entstanden ein Park, eine Pferderennbahn und ein

Teich zum Kahnfahren: eine kleine Oase inmitten der Hochöfen. Der preußische König Wilhelm I. kam erstmals 1861 zu Besuch – wenig später bekam Krupp Großaufträge von Armee und Staatsbahn.

Doch der Erfolg der Firma zerstörte die Idylle. In der Werkhalle neben dem neuen Haus bauten Arbeiter den gigantischen Dampfhammer »Fritz« auf, mit 50 Tonnen der schwerste der Welt. Wenn »Fritz« draußen auf den Amboss donnerte, wackelte drinnen das Geschirr. Die Fabrikabgase wehten über die Hecke in den Garten. Krupp entschied, das Werksgelände zu verlassen, und kaufte ein Gut im Süden von Essen, etwa sieben Kilometer von der Fabrik entfernt. Das Anwesen lag auf einem Hügel über der Ruhr. In einem Brief bezeichnete Krupp das weitläufige Grundstück mit seinen Wäldern und Weiden als »Mittel zur Lebensverlängerung für mich und die Meinen«. Er hoffte, dass der kränkliche Sohn sich seine »teuren Reisen in die Bäder« nun würde sparen können.

Im Herbst 1864 verlegte die Familie ihren Wohnsitz in den Gutshof auf dem Hügel. Krupp aber war mit dem Gebäude offenbar nicht zufrieden, denn er zeichnete bald Skizzen für die neue Villa. Sie sollte der Familie Gemütlichkeit bieten, aber zugleich »große Gesellschaft mit Ersten Ansprüchen« beherbergen können. Architekten arbeiteten die Skizzen zu Bauplänen aus. Krupp unterstellte ihnen, dass sie für »Äußeres, Form und Stil« Geld verschwendeten. Ästhetik als Selbstzweck war ihm zuwider, für ihn zählten vor allem Kosteneffizienz und Funktionalität.

Am 10. Januar 1873 schließlich bezog die Unternehmerfamilie die Villa Hügel. Wirklich heimelig aber war es in dem riesigen Bau nicht. Die komplizierte Klimaanlage erwies sich als Fehlkonstruktion. »Im Haus wird einer nach dem andern

Prachtvoll: Die Villa mutete klassizistisch an, war aber technisch auf dem neuesten Stand. Es gab einen hydraulischen Lift, eine externe und eine interne Telefonanlage (seit 1880) und elektrisches Licht.

krank vom Zug«, schimpfte Krupp, »in der Halle oben genießen wir nach Tisch nochmals den ganzen Duft der Küche.« Erst zehn Jahre später, nach aufwendigen Umbauten, sollte das System einigermaßen funktionieren.

Für Küche, Gastzimmer, Gärten, Tennisplatz, Bootshaus, Fuhrpark, Ställe und Wachposten benötigten die Krupps eine Menge Personal. Drei Jahre nach dem Einzug arbeiteten bereits 66 Menschen auf dem Hügel, und es wurden immer mehr. Die meisten stammten aus Arbeiterfamilien in der Gegend – die Bedürfnisse der feinen Leute waren ihnen fremd: Krupp rügte, dass Kellner auf »Gläser und Löffel hauchen oder gar spucken, um sie blank zu machen«. Die Hausordnung, die der Hausherr persönlich verfasste, untersagte Liebesbeziehungen unter den Bediensteten und verbot »Streitigkeiten, Klatsch und Verleumdungen«.

Dafür war die Arbeit gut bezahlt: Der erste Diener verdiente dreimal so viel wie ein Arbeiter in der Stahlfabrik, dazu bekam er freie Verköstigung, eine Wohnung, Urlaub, Pension und Trinkgelder von den Gästen der Villa. Der Komponist Engelbert Humperdinck, den Krupp über einige Monate hinweg für musikalische Abendunterhaltung engagierte, beschrieb es so: »Meine Aufgabe ist es, abends nach dem Dinner ihm und den eventuellen Gästen etwas vorzuklimpern. Für diese enorm künstlerische Leistung habe ich schwelgerische Atzung und Schlürfung, einen prächtigen Ecksalon mit Aussicht ins Tal und famosen Bechsteinflügel, schöne Spaziergänge und, was das Beste ist, den ganzen Tag für mich, zu eigener Tätigkeit.« Auch niedere Bedienstete, die von 6 Uhr bis 19 Uhr zur Verfügung stehen mussten, betrachteten es als Privileg, auf dem Hügel arbeiten zu können.

Krupps Ehefrau Bertha blühte in der Rolle der Hausherrin auf, organisierte Theater, Konzerte und italienische Abende. Mit der Zeit aber entfremdeten sich die Eheleute voneinander, vielleicht auch, weil sich die erhoffte familiäre Gemütlichkeit in der zugigen Behausung nie einstellen wollte. 1882 zog Bertha nach Leipzig. Den Gästen mit hohen Ansprüchen hingegen wurde die Villa gerecht. Krupp lud seine Kunden ein, und sie kamen gern: der brasilianische Kaiser, der Schah von Persien, König Kalākaua von den Sandwichinseln, ein chinesischer Marquis, Fürsten und Monarchen aus Deutschland, Spanien und Schweden.

Persönlich führte er seine Gäste durch die Fabrik, zeigte ihnen Dampfhammer und Hochöfen, Kanonen und Arbeitersiedlungen. Teil der Tour war auch ein Besuch im kleinen Fachwerkhaus, das Krupp in den ursprünglichen Zustand hatte zurückversetzen lassen – eine geniale Idee, seine einfachen Anfänge zu illustrieren.

Anschließend vollzogen die Besucher zusammen mit Krupp den Aufstieg von ganz unten nach ganz oben: Sie fuhren auf den Hügel, wo sie luxuriös dinierten, durch die Parks spazierten und der Hausmusik lauschten. In der Villa wollte Krupp seine Gäste, wie er einmal vor dem Besuch des ägyptischen Vizekönigs schrieb, mit »äußerstem Glanz seduiert sehen« – er wollte sie verführen. Die Strategie war teuer, in den 1880er-Jahren flossen etwa 15 Prozent des Firmengewinns in den Unterhalt des Anwesens.

Das Kalkül ging auf. Als der Patriarch 1887 starb, beschäftigte Alfred Krupps Unternehmen mehr als 13 000 Mitarbeiter. Er selbst maß der Villa offenbar einen großen Anteil am wirtschaftlichen Erfolg bei: In seinem Testament stellte er klar, dass das Anwesen kein persönliches Eigentum war, sondern ein wichtiger Bestandteil des Betriebs.

Sein Sohn und Nachfolger Friedrich Alfred unterschied sich stark von ihm. Im Gegensatz zum Vater interessierte er sich für Wissenschaft, Politik und Muße. Er gründete eine Forschungsabteilung im Unternehmen, zog in den Reichstag ein und genoss bisweilen das süße Leben auf Capri. Die Funktion der Villa für den Zweck der Kundenbindung aber optimierte er weiter: Am Fuß des Hügels ließ er einen eigenen Bahnhof bauen, an die Wände teure Ölbilder hängen und im Park Mammutbäume, Rhododendren und Bananenstauden pflanzen. Unter seiner Führung stieg die Zahl der Bediensteten auf 570.

Als der neue Kaiser Wilhelm II. die Villa 1890 zum ersten Mal besuchte, soll er im Berliner Dialekt »unjlaublich« gerufen haben. Danach pilgerte er im Zweijahresrhythmus auf den Hügel, bei sieben seiner dreizehn Besuche übernachtete er. Die Villa zahlte sich aus: Der Kaiser bevorzugte die Firma gegenüber Konkurrenten, gewährte Patente und gab großzügige Aufträge für Kanonen und Schiffspanzer. Wohl auch deshalb sahen viele in Krupp bald so etwas wie einen Staatsbetrieb – der osmanische Sultan etwa wandte sich direkt an den Kaiser, um für einen Auftrag bei Krupp eine Preissenkung zu erreichen. Für internationale Staatsgäste gehörte ein Besuch auf dem Hügel mittlerweile zum Standardprogramm.

Seinen Zenit erreichte das gesellschaftliche Leben in der Villa am 8. August 1912. Die Firma, mit etwa 80 000 Angestellten längst das größte deutsche Unternehmen, feierte ihr hundertjähriges Bestehen. Mittlerweile leitete Friedrich Alfreds Schwiegersohn Gustav Krupp von Bohlen und Halbach den Betrieb.

Seit Tagen bereiteten die 648 Bediensteten die Festlichkeiten vor. Schreiner hatten im Park eine hölzerne Arena gezimmert, am Abend sollten Dutzende Komparsen ein Ritterspiel aufführen. Kurz vor 18 Uhr kam die Elite des Reiches in Limousinen auf den Hügel gefahren: Kaiser Wilhelm II., Prinz Heinrich, Marinechef Alfred von Tirpitz und Reichskanzler Theobald von Bethmann Hollweg, dazu Industrielle, Generäle und Diplomaten aus Europa, Amerika und Asien. Die 493 Gäste speisten Hühnersuppe, Lachs aus dem Rhein, Rinderlende, Masthuhn und gedünstete Champignons, begleitet von edlen Weinen. Zum Nachtisch gab es Pistazieneis, Käse und Obst.

Das Ritterspiel allerdings sagten die Gastgeber aus Pietätsgründen kurzfristig ab, weil am Morgen bei einer Explosion in einer Bochumer Zeche mehr als 90 Bergleute gestorben waren. Der Kaiser würdigte in seiner Rede das »Armeekorps der Kohle«, die Gäste riefen dreimal »hurra!«. Dann spielten Musiker einen Marsch, die Feiernden tranken Kaffee und flanierten durch den erleuchteten Garten. Um 22 Uhr fuhren die Automobile vor, um Besucher abzuholen. Wilhelm II. nächtigte in einem Gastzimmer in der Villa.

Keine zwei Jahre später zog das Deutsche Reich in den Ersten Weltkrieg, selbstverständlich mit Krupp-Geschützen wie der 42-Zentimeter-Kanone »Dicke Bertha«. In Vorbereitung der Frühjahrsoffensive 1918 beschäftigte die Firma zwischenzeitlich 168 000 Arbeiter. Als das Deutsche Reich unterlag und Revolutionäre die Monarchie stürzten, musste der Kaiser ins Exil flüchten.

Gustav Krupp hingegen blieb. Von Essen aus wirtschaftete er weiter und bewies politische Anpassungsfähigkeit. Er verstand es, sowohl während der Weimarer Republik wie zu Zeiten des Nationalsozialismus gut an der Wiederaufrüstung zu verdienen. Die Sonderstellung allerdings, die sein Unternehmen im Kaiserreich genossen hatte, konnte es nicht behaupten. Zwar kamen weiterhin Gäste wie der afghanische König oder Diktator Adolf Hitler auf den Hügel. Doch die Zeit der glanzvollen Galadiners und Ritterspiele war vorbei. Im Frühjahr 1945 eroberten US-Soldaten die Villa und verhafteten Alfried Krupp von Bohlen und Halbach, den Sohn Gustavs. In den Nürnberger Kriegsverbrecherprozessen wurde er zu einer Haftstrafe verurteilt. Die Villa diente bis ins Jahr 1952 als Sitz einer Besatzungsbehörde, die die Bergwerke in Westdeutschland kontrollierte.

Nach seiner Freilassung zog Alfried in einen Bungalow in Südessen, von dem er die pompöse Villa nicht sehen konnte. Gemeinsam mit seiner Mutter entschied er, der Hügel solle fortan Kunst und Wissenschaft dienen. Über vier Generationen hatten die Krupps in der Villa erlesene Gäste empfangen und die Eingänge streng bewachen lassen. 1953 aber öffneten sich die Tore für die Öffentlichkeit: Eine Ausstellung von Gemälden und Wandteppichen zog schon in den ersten viereinhalb Monaten rund 400 000 Neugierige an, darunter Bundeskanzler Konrad Adenauer. Sie alle wollten den Ort sehen, an dem einst die Monarchen der Welt bei Wein und Lachs ihre Kanonen bestellt hatten.

Schnelles Wissen

Wo in Europa gibt es die meisten Familienunternehmen?

Die Organisation European Family Businesses hat zusammengetragen, welchen Anteil Familienunternehmen an allen Unternehmen der jeweiligen europäischen Länder haben. Estland, Zypern und die Slowakei liegen mit 90 Prozent vorn. Dahinter folgen Tschechien (87 Prozent), Spanien (85 Prozent) sowie Österreich, Griechenland und Finnland (80 Prozent). Den geringsten Anteil an Familienfirmen haben Litauen (38 Prozent) und Schweden (55 Prozent), die Niederlande (61 Prozent) und Norwegen und Großbritannien (65 Prozent). Deutschland liegt mit Italien, Portugal, Frankreich und Irland bei 75 Prozent im Mittelfeld.

»GEHEN SIE JEDEN TAG IN DIE FABRIK!«

Bertha Krupp war erst 16, als sie 1902 das Unternehmen ihres Vaters erbte. Was fing ein Teenager mit einem Großkonzern an?

Von Katja Iken

Am Vorabend hatte das Mädchen noch Domino mit seinem Vater gespielt, in der türkisch dekorierten Ecke der prachtvollen Villa Hügel in Essen, unter dem aufgespannten Zelt, neben dem ausgestopften arabischen Hengst. Am folgenden Morgen war Friedrich Alfred Krupp tot. Und seine Tochter Bertha mit einem Schlag die reichste Frau Deutschlands, Alleinerbin eines international tätigen, vertikal gegliederten Großkonzerns mit damals gut 41 000 Beschäftigten.

Testamentarisch hatte Krupp verfügt, dass die Firma in eine Aktiengesellschaft umgewandelt werden sollte – seine Tochter bekam 159 996 der 160 000 Aktien. Das Krupp'sche Imperium, legendäre »Waffenschmiede der Nation«, ein Unternehmen, das wie kein zweites den industriellen Aufstieg Deutschlands, dessen militärischen Expansionsdrang symbolisierte: Dieser unvorstellbare Reichtum gehörte ab sofort einem Teenager, einem hübschen noch dazu. Zudem introvertiert und deutlich ernster als die jüngere, quirlige Schwester Barbara.

Das Erbe auf Berthas schmalen Schultern glich einer gewaltigen Bürde – auch weil dem Tode Krupps am 22. November 1902 eine unappetitliche Schlammschlacht vorausgegangen war. »Krupp auf Capri« lautete die Überschrift des Artikels, erschienen am 15. November 1902 im *Vorwärts*, als SPD-Organ der natürliche Feind des eng mit dem Kaiser verbandelten Großkapitalisten. »In einer verschwenderisch ausgestatteten Villa … huldigte er mit den jungen Männern der Insel dem homosexuellen Verkehr«, schrieb das Blatt. Krupp feiert Orgien in Italien!

Monatelang hatte der Unternehmer versucht, diesen Skandal zu verhindern. Hatte bei der Botschaft in Rom interveniert, um italienische Veröffentlichungen zu stoppen. Hatte seine Ehefrau Margarethe vorsorglich in eine psychiatrische Klinik in Jena einweisen lassen, um ihr die Pein zu ersparen. Vergebens. Als der Artikel im *Vorwärts* erschien, reagierte Krupp mit einer Verleumdungsklage, ließ die Zeitung beschlagnahmen, die Redaktionsräume durchsuchen, schickte eine Gegenerklärung an die Presse. Und verabschiedete sich aus dem Leben. »Den Kanonenkönig hat eine Papierwespe getötet«, schrieb der Journalist Maximilian Harden in der Wochenschrift *Die Zukunft*. Die offizielle Version lautete Hirnschlag – viele jedoch gingen von Suizid aus.

»Diese That mit ihren Folgen ist weiter nichts als Mord«, zürnte Kaiser Wilhelm II., persönlich führte der Monarch den Trauerzug durch die Essener Innenstadt an. Erstmals wurde einem Industriellen, einem Bürgerlichen zudem, diese Ehre zuteil. Sodann schickte der Kaiser einen sechsseitigen handgeschriebenen Brief an Bertha Krupp, um ihr zu versichern, wie sehr ihm »der tiefe Jammer in die Seele gegriffen« habe. Da Gott ihr »einen Bruder versagt« habe, müsse sie nun den Konzern lenken, so der Monarch. Väterlich gab er der jungen Frau konkrete Tipps: »Treten Sie frisch unter Ihre Leute, gehen Sie jeden Tag in die Fabrik ... es ist Ihre Pflicht, Sie müssen!«, riet der Kaiser. Und bot der Alleinerbin, sicher nicht selbstlos, seine »vollste Freundschaft und Mitwirkung« an. Krupp war sein wichtigster Waffenlieferant – der Kaiser auf das Unternehmen dringend angewiesen.

Ob sich Bertha Krupp über diesen Zuspruch freute, ist zweifelhaft. Wiederholt gab der Kaiser der 16-Jährigen in dem Brief zu verstehen, dass er sie ihres Geschlechts wegen für schwach hielt. Auch Berthas Vater war vor seinem Tod davon ausgegangen, dass eine Frau »naturgemäß nicht wohl imstande« sei, eine Firma zu leiten. Dabei gab es zu jener Zeit sehr wohl fähige Unternehmerinnen, etwa Sophie Henschel (sie leitete die Kasseler Maschinenfabrik Henschel & Sohn und war eine der reichsten Frauen der Kaiserzeit) oder Melitta Bentz (sie entwickelte und vertrieb Kaffeefilter).

Bertha Krupp sollte nicht das operative Geschäft zufallen – dafür die fürsorgerisch-repräsentativen Aufgaben einer Unternehmergattin. Getreu jenem Leitspruch, der ihr von klein auf eingebläut worden war und sogar auf dem Grabstein ihrer Mutter Margarethe stand: »Das höchste Gut des Menschen ist die Pflicht.«

An Ostern 1906 verliebte sich Bertha Krupp auf einer Romreise in Gustav von Bohlen und Halbach: Der fesche Diplomat, 15 Jahre älter und einige Zentimeter kleiner als sie, war von der Botschaft am Vatikan zur Betreuung der prominenten Touristin abkommandiert worden. Noch im gleichen Jahr, am 15. Oktober 1906, fand eine wahre Märchenhochzeit auf dem Essener

Schön: Die Erbin wurde schon als Kind gemalt. Dieses Porträt hing in der Villa Hügel. Die Frisur mit Wasserwelle trug Bertha ihr Leben lang.

Hügel statt – mit dem Kaiser als Trauzeugen. Der Monarch erlaubte Gustav per »Namensvermehrungsbrief«, sich fortan »Krupp von Bohlen und Halbach« zu nennen. Zudem fungierte der Kaiser als Taufpate des kleinen Alfried, erstes von insgesamt acht Kindern, die Bertha Krupp ihrem Mann schenkte. Faktisch war Gustav (Kosename »Taffy«) der neue Chef des Weltkonzerns. Dennoch bekundete Bertha 1907 in einem Telegramm an die »Herren vom Direktorium« ihre Absicht, die Verantwortung für die Firma mit ihrem Mann zu teilen. Sie hatte »sehr wohl das Heft in der Hand«, betont Berthas Enkelin Diana Maria Friz in der von ihr verfassten Biografie über ihre Großmutter.

Als »wichtigste Integrationsfigur in der Firma« charakterisiert sie Ralf Stremmel, Leiter des Historischen Archivs Krupp bei der Alfried Krupp von Bohlen und Halbach-Stiftung: Bei strategischen Weichenstellungen habe sie stets »ein entscheidendes Wort mitgeredet«, nichts sei »gegen ihren Willen unternommen« worden. Auch wenn das Ehepaar den Krieg grundsätzlich abgelehnt und Bertha Diktator Hitler zutiefst verachtet haben mag, wie Enkelin Friz betont: Zweimal im 20. Jahrhundert rüstete Krupp Deutschland bis an die Zähne auf – zweimal töteten Krupps Waffen Millionen Menschen auf der ganzen Welt. Und zweimal trieb eine deutsche Niederlage das Essener Imperium an den Rand des Bankrotts.

1923 besuchte Bertha ihren Ehemann Gustav im Gefängnis, der nach der Besetzung des Ruhrgebiets von den Franzosen inhaftiert worden war, um die Regierung Stresemann unter Druck zu setzen. 1945 stand sie ihrem inhaftierten Sohn Alfried bei, der bei den Nürnberger Kriegsverbrecherprozessen zu zwölf Jahren Haft verurteilt worden war. Schon 1951 kam er wieder frei, auch die Beschlagnahmung des Krupp'schen Vermögens wurde aufgehoben.

Das materielle Erbe war zwar gerettet – Bertha Krupp, die Frau mit den feinen Gesichtszügen und der immer gleich akkuraten Wellenfrisur, war dennoch gebrochen: Die Söhne Claus und Eckbert hatte sie im Weltkrieg verloren, 1950 starb ihr Mann Taffy. Und erst 1955 sollte ihr Sohn Harald aus der sowjetischen Kriegsgefangenschaft zurückkehren. Aus Zorn auf den Waffenproduzenten entzog die stark zerstörte Stadt Essen dem Ehepaar Krupp die Ehrenbürgerschaft – die unermüdliche Wohltäterin Bertha, ihres karitativen Engagements wegen als »Mutter des Ruhrgebiets« gepriesen, muss das hart getroffen haben.

Die späte Huldigung der »Kruppianer« erlebte sie nicht mehr: Bertha Krupp starb am 21. September 1957 unerwartet an einem Herzinfarkt, kurz bevor sie eine 100-jährige ehemalige Firmenangehörige besuchen wollte. 2500 Menschen pilgerten zur Villa Hügel und defilierten am offenen Sarg vorbei. Bewacht wurden die sterblichen Überreste der Stahlgigantin von vier Bergleuten in Knappentracht, mit schwarz umflorten, brennenden Grubenlampen.

HEUTE

Berthas Sohn Alfried überführte die Firma 1967 über eine Stiftung in eine Kapitalgesellschaft. Der Manager Berthold Beitz, den Alfried als Erbverwalter einsetzte, bewegte den kinderlosen Arndt von Bohlen und Halbach zum Erbverzicht, die Familie war nun außen vor. Die Alfried von Krupp und Bohlen Halbach-Stiftung ist der größte Einzelaktionär von ThyssenKrupp, diese Firma entstand 1999 durch die Fusion der Firmen Thyssen und Krupp.

DAS WUNDER AM ENDE DER WELT

Familienunternehmen prägten nicht nur die Wirtschaft, sondern gründeten ganze Städte. Zum Beispiel Leverkusen.

Von Christoph Gunkel

Es war klirrend kalt, minus 21 Grad. Aber die Kriegsproduktion musste auch an diesem 27. Januar 1917 weitergehen, dem 58. Geburtstag von Kaiser Wilhelm II. In einem Füllwerk für Granaten war eine Leitung für Trinitrotoluol – den Sprengstoff TNT – zugefroren. Die Waffenfabrik gehörte zum Chemiekonzern »Farbenfabriken vorm. Friedr. Bayer & Co«, Vorläufer der Bayer AG. Sie lag nicht weit von der Bayer-Zentrale auf dem Firmengelände in Leverkusen.

Aufseher Karl Werner versuchte das Problem um 11.30 Uhr zu lösen: Er steckte einen Messingstift in die zugefrorene Leitung und schlug mit einem Hammer dagegen. Die Explosion, die er auslöste, riss ihm den Kopf ab. Vier Minuten später folgte eine noch gewaltigere Explosion. Im Umkreis von 30 Kilometern zersplitterten Fenster, barsten Türen, wurden Dächer abgedeckt, als 60 000 Kilogramm TNT in die Luft flogen.

Carl Duisberg, seit fünf Jahren Generaldirektor und damit Chef der Firma Bayer, weilte im Berliner Luxushotel Adlon, als

Hotelgründer Lorenz Adlon ihn aufgeregt in ein Nebenzimmer bat. Dort teilte Adlon ihm mit, er habe gerade aus Köln erfahren, »ganz Leverkusen sei vom Erdboden verschwunden«, schrieb Duisberg in seinen Lebenserinnerungen: »Die nächsten Stunden bedeuteten für mich die Hölle.« Duisberg sorgte sich nicht nur um Frau Johanna, Tochter Hildegard sowie Tausende Mitarbeiter. Während er erfolglos versuchte, eine stabile Telefonleitung zu bekommen, bangte er um sein Lebenswerk.

Leverkusen, darunter verstand man bis zu einer Gemeindereform 1930 nur das ausgedehnte Industriegebiet am rechten Rheinufer und noch keine Stadt. Und dieses Leverkusen war sein »Kind«, wie Duisberg einmal schrieb. Von 1895 an hatte er es mit Weitsicht und Akribie in eine international bewunderte Musterstätte verwandelt, von der Chemie-Nobelpreisträger Emil Fischer 1907 schwärmte: »Es ist zweifellos die schönste chemische Fabrik, die ich in meinem Leben gesehen habe.«

Das war ein kleines Wunder: Denn die Großstadt Leverkusen existierte Ende des 19. Jahrhunderts noch gar nicht. Zumindest nicht am Rhein. Leverkusen hieß ein Weiler im Bergischen Land. Eines der wenigen Gehöfte dort gehörte der Familie Leverkus. Der 1804 geborene Carl Leverkus und der fast 60 Jahre jüngere Carl Duisberg sind sich nie persönlich begegnet. Aber die Schicksale der zwei Carls sind dennoch eng miteinander verwoben. Ohne sie lässt sich der rasante Aufstieg von Bayer zum Milliardenkonzern und Leverkusens zur Industriemetropole nicht erzählen.

Der Apothekergehilfe Carl Leverkus war fasziniert von der Chemie, für die er an die ferne Pariser Sorbonne zog. 1834 gründete er eine Fabrik in der Kleinstadt Wermelskirchen. Ein Gedanke elektrisierte ihn: Ließ sich Ultramarin, das Maler schon seit dem Mittelalter schätzten und sein Doktorvater

Justus von Liebig als »Königin der Farben« bezeichnete, künstlich herstellen? Schön und billig zugleich?

Nachgefragt war der Farbstoff etwa als Bleichmittel für strahlende Wäsche. Doch bisher musste dafür das blaue Gestein Lapislazuli teuer aus Afghanistan importiert werden. Leverkus gelang tatsächlich die günstigere Synthese, die ihm 1838 der preußische König für zehn Jahre patentierte.

Weil Pferdekutschen tonnenweise Kohle durch die Hügel des Bergischen Landes zu seiner Fabrik transportieren mussten, verlegte Leverkus die Produktion 1861 in die Nähe des Fischer- und Bauerndorfs Wiesdorf am noch unbebauten rechten Rheinufer. Dort gründete er eine Werksiedlung, die von 78 auf mehr als 200 Arbeiter anwuchs – mit Casino, Kegelbahn und evangelischer Schule. Der Volksmund nannte sie wegen der Fabrik nur die »Bläu«. Leverkus aber taufte den Ort in wehmütiger Anlehnung an seinen alten Familiensitz »Leverkusen«.

Dass dieses kleine Leverkusen berühmt werden würde, verdankt es dem zweiten Carl. Der hatte schon als Schuljunge seiner Mutter gesagt, er wolle unbedingt Chemiker werden. Gegen den Widerstand seines Vaters promovierte er in Chemie, gelobt für »Fleiß« und »Eifer«. Dennoch blieb er zunächst arbeitslos, bis er sich 1883 zum zweiten Mal bei Bayers Farbenfabriken in Elberfeld bewarb, heute ein Stadtteil Wuppertals.

1863 hatte der Farbstoffhändler Friedrich Bayer mit dem Färbermeister Johann Friedrich Wescott eine kleine Firma neben seinem Wohnhaus in Barmen gegründet. Bayer war fasziniert von der Entdeckung, dass sich aus Teer künstliche Farbstoffe herstellen lassen. Bald produzierte er leuchtende Farben wie das rote Fuchsin. Die Firma wuchs, knüpfte Geschäftskontakte bis in die USA und zog nach Elberfeld an der Wupper – auch, um dort besser die giftigen Abwässer entsorgen zu können.

Als Bayer 1880 mit nur 55 Jahren starb, übernahm sein Sohn Friedrich das Unternehmen. Zwar wurde die Firma im Jahr darauf in eine Aktiengesellschaft umgewandelt, doch über Jahrzehnte bekleideten nur Verwandte der Familie die wichtigsten Posten: etwa der Unternehmer Henry Böttinger, der im Vorstand wirkte, und Carl Rumpff, Chef des Aufsichtsrats, beide mit Töchtern des Gründervaters verheiratet.

Carl Duisberg hatte Glück, als er sich in Elberfeld bewarb. Aufsichtsratschef Rumpff stellte eigenmächtig drei Chemiker ein. Sein erster fester Job stellte Duisbergs Leben auf den Kopf: Er lernte Rumpffs Nichte Johanna kennen und heiratete sie 1888. Außerdem erhielt er den wichtigen Auftrag, den Farbstoff Indigo zu synthetisieren. Duisbergs »Benzoazurrin G« versetzte die Firmenleitung in Aufregung. »Echter als Indigo!«, warb Bayer 1885.

Doch dann zeigte der vermeintliche Wunderfarbstoff Schwächen: Bayer hatte ihn nur im Winter getestet; bei Trockenheit und Hitze verblich das Blau mitunter. Trotz des Rückschlags gelang Duisberg ein rasanter Aufstieg bis in den Vorstand. Auch dank seiner Hochzeit war er bestens vernetzt: zu seinen Duzfreunden zählte Firmenchef Friedrich Bayer junior. Duisberg wurde eine Art Allzweckwaffe des Unternehmens: Er gewann scheinbar aussichtslose Patentstreitigkeiten – und wurde zum Chefplaner der wichtigsten Firmenexpansion.

1891 starb Carl Leverkus. Die Wirtschaftskrise von 1873 an und sinkende Preise für Ultramarin zwangen seine Erben, einen Teil des Werksgeländes am Rhein samt einer Fabrik für den roten Farbstoff Alizarin zu verkaufen. Bayer schlug zu. Duisberg begann in Carl Leverkus' »Leverkusen« als Pionier. Die erste Zeit dort muss eine Qual gewesen sein: Die Alizarinfabrik sei technisch eine »Enttäuschung«, schrieb er in seinen Memoiren.

Das nahe gelegene Wiesdorf empfand er als »erbärmliches Bauerndorf«. Nach Leverkusen führten nur Trampelpfade. Unter »primitiven Verhältnissen« hätten er und seine Mitarbeiter dort gehaust und anfangs eine »schlimme Zeit« gehabt.

Am problematischsten war die Anreise: Wer aus der Firmenzentrale Elberfeld oder vom linken Rheinufer nach Leverkusen kam, brauchte Stunden. Es gab noch keine Zugverbindung. Über den Rhein kam man nur per Kahn. Im Dunkeln orientierten sich die Fährleute an Sturmleuchten, bei Nebel mit Glocken. Eis und Hochwasser machten den Rhein unpassierbar. Bayer-Angestellte aus Elberfeld fürchteten nichts mehr als ihre Versetzung und sangen Duisberg ein Klagelied vor: »Kann er einen nicht verknusen, schickt er ihn nach Leverkusen. Dort, an diesem End' der Welt, ist man ewig kaltgestellt.«

Das alles passte nicht zu den Plänen, die Duisberg mit der Firma hatte. Zeit, sie auszuarbeiten, fand er, nachdem er sich beim Rodeln mit seinem Sohn im Januar 1895 den Fuß verstaucht hatte. In der Zwangspause verfasste er eine 24-seitige Denkschrift, in der er »in großen Zügen das ideale Zukunftsbild der Farbenfabriken zu Leverkusen« umriss.

Das war eine Untertreibung. Duisberg kümmerte sich um jedes Detail. Hauptstraßen sollten 30 Meter breit sein, Nebenstraßen 15 Meter, um zu verhindern, dass »jemals Stockungen des Verkehrs zu Stockungen in der Produktion führen«. Schmalspurbahnen sollten die Güter direkt in jede Anlage des Werks liefern. Das Problem der verschiedenen Spurweiten löste Duisberg kreativ: Mit Rollböcken wurden die großen Waggons der Hauptlinien auf die Schmalspurbahnen gehievt und huckepack weitertransportiert.

Seiner Zeit weit voraus war Duisberg mit dem Gedanken, alle Betriebe nach denselben Normen und Prinzipien zu errichten:

»Wir sollten unbedingt, so schnell wie möglich, Einheitsmaße für alle zu verwendenden Röhren, Ventile, Schieber, Gewinde, Schrauben, Kessel, Bütten, Bassins usw., usw. einführen.« Auch den Arbeitsschutz dachte er mit. Breite Türen als Fluchtwege und frei stehende Apparate und Maschinen, um Verletzungen zu vermeiden und Reparaturen zu vereinfachen. »Es darf also kein Kessel dicht an der Wand stehen.«

Duisberg dachte groß und weit. Die Hauptabteilungen sollten recht autark nach dem Prinzip der »dezentralen Zentralisierung« arbeiten. Jeder Betrieb müsse über ein so großes Terrain verfügen, dass eine Verlegung oder ein Neubau »in den nächsten 30 Jahren nicht notwendig« werde. Daher solle jedes Gebäude Vergrößerungen »am besten in zwei Richtungen zulassen«. Für die Verlegung der Verwaltung von Elberfeld nach Leverkusen kalkulierte Duisberg realistisch 15 bis 20 Jahre ein – es wurden 17 Jahre.

Bei allen Plänen setzte Duisberg auf Wertigkeit und Ästhetik. Fabriken sollten »geschmackvoll« sein: mit dicken Mauern und hohen, lichtdurchfluteten Hallen, die er mit Kirchen verglich. Hauptstraßen wollte er mit Bäumen in üppige Alleen verwandeln. Persönlich ordnete er an, welche Gebäude von Efeu, Kletterrosen und japanischem wildem Wein umrankt werden sollten. Für die Wohnhäuser der Arbeiter, zu denen große Gärten gehörten, spendete er später Brunnen und Skulpturen – nach seinem eher konservativen Kunstgeschmack.

Ein Jahr nach seiner Denkschrift überprüfte Duisberg die Ideen auf einer Amerikareise. Von den Dimensionen der Betriebe, die er hier sah, war er überwältigt: hier eine Nähgarnfabrik mit einer 1,5 Hektar großen Halle, in der 50 000 Spindeln surrten; dort eine Wollfabrik mit 1000 Webstühlen. Duisberg hatte gefordert, dass »die menschliche Kraft gespart und durch

Maschinenkraft ersetzt wird«. Doch als er im Ofenhaus einer Schwefelsäurefabrik gar keine Arbeiter sah, notierte er: »Eigenartiger Eindruck!« Duisberg lobte die Maschinisierung, verfiel aber nicht in blinde Amerikaschwärmerei. Nach seiner Rückkehr glaubte er, »Änderungen irgendwelcher Art« an seinem Plan seien unnötig.

Anfangs aber zahlte er Lehrgeld in Leverkusen. »Wir verstanden nichts vom Kieseinkauf«, gab er später zu. Kies für den Kiesofen habe er überteuert eingekauft und für die Rückstände, den Kiesabbrand, viel zu wenig erhalten. Hinzu kamen technische Probleme, etwa in der Schwefelsäurefabrik: »Alle Augenblicke kamen an den Kammern Störungen vor.« Das größte Problem aber blieb, ausreichend Arbeiter zu bekommen, obwohl Bayer sogar in Hessen und und im fernen Ostpreußen warb. Die Chemiker seien »wegen mangelnder Kontrolle total verbummelt«, klagte Duisberg noch Jahre später frustriert, »und auch die Arbeiter nicht zur Pünktlichkeit, Ordnung und Sauberkeit erzogen«.

Um den Mangel abzustellen, trieb er den Bau von Arbeiterwohnungen voran. Im September 1895 berichtete Duisberg dem »lieben Fritz«, Firmenchef Bayer, in den Urlaub, dass schon in vier Wochen ein Junggesellenheim fertiggestellt werde und bald Arbeiterdoppelhäuser folgten. Auch mit den Wohnungen für Beamte, wie Bayer seine kaufmännischen Angestellten nannte, werde es »höchste Zeit, da die in Leverkusen anwesenden Beamten … anfangen zu jammern«.

Duisberg fand Gehör. Auch 1896 investierte Bayer 500 000 Reichsmark für den Wohnungsbau. Drei Jahre später umfasste die Siedlung schon 73 Häuser für Arbeiter, Beamte und Aufseher, die dort sorgenlos leben und sich »heiterem Lebensgenuss hingeben« sollten. Damit schlug Bayer einen Weg ein, den andere Großunternehmen vorgegeben hatten: Nach britischem Vorbild war es von 1863 an der Essener Stahlfabrikant Krupp, der als erster deutscher Unternehmer in großem Ausmaß »Arbeiterkolonien« errichten ließ. Damit wollte er den ständigen Wegzug seiner Arbeiter bremsen, die oft mit 20 und mehr Personen in einem kleinen Haus lebten. Krupp bot ihnen nun in der Kolonie »Westend« 136 Zweizimmerwohnungen zwischen 35 und 57 Quadratmeter in unmittelbarer Nähe zu seinem Betrieb an – und vermischte damit Freizeit und Arbeit.

Überall entstanden fortan solche Werksiedlungen: 1869 das »Postdörfle« in Stuttgart für Postbeamte, 1871 die Unionsvorstadt für Dortmunder Zechenkumpel und 1872 die große BASF-Siedlung in Ludwigshafen mit 420 Wohnungen. Doch billiges Wohnen allein reichte nicht. Viele Industrielle setzten sich auch aus ökonomischem Eigeninteresse für die sozialen Belange ihrer Arbeiter ein. Sie gründeten in den Siedlungen Theater und Sportstätten und förderten den Zusammenhalt mit dem Vereinswesen.

»Die vornehmste Pflicht eines Unternehmens«, schrieb auch Duisberg, sei, »das soziale Problem der Lösung näherzubringen«. Schon 1897 gründete Bayer auf seine Initiative hin eine Pensionskasse für Beamte. Es folgte ein Unterstützungsfonds für Arbeiter, der schon 1899 mit 750 000 Mark gut gefüllt war für die insgesamt damals etwa 3500 Angestellten. Ein Fabrikarzt wurde eingestellt und auf Duisbergs Wunsch der damals fortschrittliche Zehnstundentag eingeführt.

So wurde eine Versetzung nach Leverkusen bald nicht mehr als Höchststrafe empfunden. Es gab dort eine Werkbücherei, aus der sich die Arbeiter besonders gern Jules-Verne-Romane ausliehen, und von 1908 an ein »Erholungshaus« mit fast sakraler Fassade. Dort schmetterte der Männergesangsverein den

»Frühling am Rhein«, probte das Blasorchester und turnte anfangs sogar der TUS 04, Vorläufer des heutigen Fußball-Bundesligisten Bayer 04. Hier bekamen die Angestellten ihr Bier für 13 Pfennig und lenkten sich beim Kegeln und Billard ab.

Derweil wurde Leverkusen mit einer Bahnverbindung nach Mülheim besser angeschlossen, denn dort gelangten Pendler per Dampfschiff über den Rhein. Techniknarr Duisberg kaufte sich 1901 eines der ersten Automobile und verkürzte beim »Autolen«, wie er das Fahren nannte, die Anreise aus der Zentrale Elberfeld.

Wer die heile Welt störte, den bekämpfte er aber mit »energischen Maßnahmen«, wie er stolz schrieb. Bei einem Streik 1904 verlangte er, dass die Arbeiter aus den Gewerkschaften austraten – oder gehen müssten. 483 Arbeiter, jeder sechste in Leverkusen, verließen die Fabrik. Wütend sprach Duisberg von »sozialdemokratisch verseuchten Gegenden« und gründete zum koordinierten Kampf gegen solche Unruhen einen Arbeitgeberverband.

Der Ausbruch des Ersten Weltkriegs stellte ihn vor weit größere Probleme. Als Unternehmer lehnte Duisberg den Krieg ab. Selbst im Fall eines Sieges fürchtete er Exportverluste. Doch als die Oberste Heeresleitung ihn drängte, war Duisberg effizient wie immer: Er stellte voll auf die anfangs als zu gefährlich abgelehnte Sprengstoffproduktion um. Bayer wurde größter Sprengstofflieferant im Kaiserreich. Bedenkenlos förderte Duisberg auch die Herstellung von Giftgas und dachte gar über »Bazillen-Bomben« nach; den Stellungskrieg könne man eben nur mit »neuen technischen Methoden« aufbrechen.

Mit der Explosion am 27. Januar 1917 kam der Krieg auch nach Leverkusen. Als Duisberg endlich aus Berlin eine Telefon-

HEUTE

Bayer AG

Eigentümer
börsennotiert

Umsatz (2019)
43,5 Mrd. Euro

Gewinn nach Steuern (2019)
4,1 Mrd. Euro

Mitarbeiter
103 824

Geschäftsfelder
Agrarchemie, Pharma

Sonstiges
Ein Tochterunternehmen ist der Fußballverein Bayer 04 Leverkusen.

verbindung aufbauen konnte, war er erleichtert und erschüttert zugleich: Seine Frau lebte. Seine Tochter schien wohlauf, obwohl ihr ein Oberlicht auf den Kopf gestürzt war; sie musste später viermal operiert werden. Etwa 300 Arbeiter waren durch Glassplitter verletzt worden, einige von ihnen schwer, acht Männer waren gestorben. Das Granatenfüllwerk war verschwunden, in der Erde klafften tiefe Sprengtrichter. Aber Leverkusen stand noch, wenn auch verwüstet. »Als ich am Sonntag früh in aller Eile zurückkam, habe ich geheult über den traurigen Anblick, den mein schönes Leverkusen jetzt gewährt«, schrieb Duisberg in einem Brief.

Noch einmal baute er Leverkusen auf. Er ließ 80 Waggons voller Fensterscheiben ankarren, während die Produktion schon wieder anlief. Und selbst in diesem Krisenjahr expandierte Bayer. Der Konzern handelte den Kauf weiterer Flächen aus dem Besitz von Carl Leverkus' Erben aus, zu der auch die Ultramarinfabrik gehörte, einst die Keimzelle Leverkusens. Damit trat Bayer endgültig das Erbe des einstigen bergischen Dorfes an – das dann, am Rhein, zur Großstadt wurde.

OHNE SKRUPEL

Günther Quandt machte aus einem mittelständischen Unternehmen einen Weltkonzern. Dabei verlor er jeden ethischen Maßstab.

Von Joachim Scholtyseck

Die Quandts gehören zu den vermögendsten Familien Deutschlands. Bekannt sind sie heute vor allem als wichtige Anteilseigner von BMW. Weithin geläufig ist auch ihre Beteiligung an der Rüstungswirtschaft in der Zeit des Nationalsozialismus, als Zehntausende Zwangsarbeiter in den Quandt-Firmen eingesetzt wurden. Der Aufstieg der Industriellenfamilie begann jedoch schon wesentlich früher.

Bereits der 1849 geborene Emil Quandt war ein zielstrebiger mittelständischer Textilunternehmer und Geschäftsführer der Tuchfabrik Gebrüder Draeger im brandenburgischen Pritzwalk, inmitten der sprichwörtlichen »Streusandbüchse«. Emil Quandt machte durch beharrliche Arbeit und die Heirat mit der Tochter eines Tuchmachers eine eher unspektakuläre Karriere. Mit seinen präzisen Nachfolgeregelungen legte er den Grundstein für den heutigen Familienbesitz.

Günther Quandt, der 1881 geborene älteste Sohn, hatte ein anderes Temperament als der traditionell-vorsichtige Emil Quandt.

Er modernisierte und rationalisierte die Tuchfabriken, trat seinen beiden nur wenig jüngeren Brüdern gegenüber recht bestimmend auf und brach bald aus dem engen und in mancher Hinsicht provinziellen Rahmen der brandenburgischen Tuchherstellung aus.

Bereits vor dem Ersten Weltkrieg erweiterte er durch die Kooperation mit hessischen und rheinischen Tuchfabrikanten seinen Aktionsradius. Während des Krieges wurden Produktion und Verteilung kriegswichtiger Rohstoffe durch staatliche Behörden geregelt. Quandt übernahm in Berlin Aufgaben bei der Organisation der Tuchindustrie unter Kriegsbedingungen. Seine Tätigkeit bei der Kriegswollbedarf AG nutzte er, um ein überregionales Netzwerk von Geschäftskontakten aufzubauen.

Vom Textilgeschäft löste er sich zwar niemals ganz, überließ aber die praktische Arbeit in dieser Branche fortan seinen beiden jüngeren Brüdern. Schon während des Ersten Weltkriegs hatte er, sich vorsichtig vorantastend, versucht, den Einstieg in die Kaliwirtschaft zu finden, die vor allem Rohstoffe für die Düngemittelherstellung lieferte. Damit war die Ausdehnung seiner Aktiengeschäfte verbunden, die er nach der Niederlage des Deutschen Reichs 1918 noch wesentlich intensivierte. Die Chancen der Inflation nach dem Friedensschluss nutzte Quandt konsequent, um durch Spekulationen und kluge Finanzinvestitionen seinen Besitz zu konsolidieren.

Dies gelang 1922 durch den Einstieg beim größten deutschen Batteriehersteller, der weltweit operierenden Accumulatoren-Fabrik (AFA) – die Vorgängerin der heutigen Varta AG. Die Beteiligung, die noch in den Zwanzigerjahren zum Mehrheitsbesitz ausgebaut wurde, markierte den Aufstieg zum Großindustriellen. Sie war gewissermaßen die Eintrittskarte in den prosperierenden und zukunftsträchtigen Weltmarkt der Elektrobranche.

Bei der gezielten Übernahme profitierte Quandt von der Hyperinflation, in Zeiten der ökonomischen Unsicherheit spielten ihm dabei Zufall, Glück, geschicktes Kalkül und Hasardeurtum in die Karten. Die Produktionsstrukturen der AFA änderte Günther Quandt nicht grundlegend; schon lange vor der Übernahme hatte die Firma sich mit Rationalisierungsmaßnahmen modernisiert; dies sicherte ihre Stellung als unbestrittener Marktführer in Deutschland und machte sie zu einem Global Player.

Quandts eigene Handschrift kam beim Umbau des zweiten Zweiges seines späteren Industrieimperiums stärker zum Ausdruck. Seit 1928 war er an den Deutschen Waffen- und Munitionsfabriken (DWM) und ihren bedeutenden Tochterunternehmen Mauser-Werke und Dürener Metallwerke beteiligt. Beide Firmen waren bis 1918 weitestgehend im Waffengeschäft tätig. Durch die Beschränkungen des Versailler Vertrages hatten sie einen konstanten Niedergang verzeichnet. Günther Quandt begann nach seinem Einstieg eine grundlegende Sanierung, bei der er von seinen inzwischen gesammelten Führungserfahrungen bei der AFA profitierte. Er schloss einzelne Werke, verkaufte Produktlinien und brachte so diesen Zweig der Quandt-Gruppe wieder in eine günstige Position. Den 1933 einsetzenden Rüstungsboom konnte Quandt dadurch ideal nutzen – auch wenn er ihn in diesem Umfang nicht antizipiert hatte.

Der Erfolg der Firma setzte sich in der Zeit des Nationalsozialismus ungebremst fort – eine Entwicklung, die Quandt nach dem Ende des »Dritten Reiches« konsequent bestritt. Nach 1945 stellte er sich stets als Opfer des NS-Regimes dar, teilweise sogar als Gegner. Damit nutzte er ein Narrativ, das für den Selbstfreispruch der industriellen Elite in den späten Vierziger- und Fünfzigerjahren typisch war.

Tatsächlich war er im Frühjahr 1933 in einer Machtdemonstration von den »braunen Revolutionären« wochenlang inhaftiert und über Monate kaltgestellt worden. Quandt lernte somit die Unwägbarkeiten einer Diktatur am eigenen Leib kennen. Zumal eine Zeit lang die Gefahr bestand, dass er sein wichtigstes Unternehmen, die AFA, verlieren würde, als dort ein nationalsozialistischer »Kommissar« eingesetzt wurde. Hinzu kam ein privater Konflikt: Joseph Goebbels, Hitlers Propagandaminister, hatte 1931 Günther Quandts Ex-Frau Magda geheiratet. Offenbar hatte Goebbels tief sitzende Minderwertigkeitsgefühle gegenüber dem Großindustriellen – und um Quandts Sohn Harald entwickelte sich ein langer »Rosenkrieg«.

Die von Quandt später behauptete »Regimeferne« gehört dennoch ins Reich der Fabeln. Die Chancen, die sich für ihn im »Dritten Reich« ergaben, nutzte er konsequent. Sein berufliches Netzwerk ergänzte er gezielt durch Männer der Wehrmacht, der Partei und der staatlichen Rüstungsstellen. Quandt war kein überzeugter Nationalsozialist, aber sein Beitritt zur NSDAP am 1. Mai 1933 öffnete die Tore für lukrative Staatsaufträge, die fortan zum Geschäftsmodell gehörten. Das Regime vergab Aufträge und setzte dabei eher auf Anreize als auf Zwangsmaßnahmen. Quandt band sich so an den Nationalsozialismus – ein Arrangement, das mit einer immer stärkeren Mitwirkung am Unrecht verbunden war.

Die erhofften Profite stellten sich bei Quandt tatsächlich ein. Das bereits vorhandene erhebliche Vermögen, das Anfang der Dreißigerjahre in zwei Holding-Gesellschaften gesammelt wurde, bewerteten die Finanzbehörden mit etwa 36 Millionen Reichsmark. In einer Art Doppelstrategie baute Quandt den Rüstungssektor seiner Unternehmensgruppe aus, ohne jedoch bis 1939 ganz auf die Zivilfertigung zu verzichten.

Die AFA, die 1936 ein hochmodernes Werk in Hannover aufbaute, profitierte zunächst gleichermaßen vom Konjunkturaufschwung wie der Motorisierung der Wehrmacht. Die Militärs wurden in immer größerem Umfang Kunden und im Krieg schließlich fast die einzigen Abnehmer von Akkumulatoren und Batterien. Die DWM behielten zwar zunächst ihre Zivilsparte, aber die Erweiterung der Produktionskapazitäten seit 1933/34 diente fast ausschließlich der Herstellung von Rüstungsgütern.

Quandt gehörte nicht zu den Kriegstreibern, wie einige schriftliche Mitteilungen aus der Zeit der Sudetenkrise im Herbst 1938 zeigen. Als das Deutsche Reich 1939 den Zweiten Weltkrieg begann, versuchte er jedoch sogleich, aus der Entwicklung Kapital zu schlagen. Er orientierte sich dabei an einem europäischen »Großwirtschaftsraum«. Das belegt, dass er seine Strategie auf eine dauerhafte Herrschaft des NS-Regimes ausgerichtet hatte.

Durch die ebenso große wie unberechtigte Sorge vor Konkurrenten angetrieben, bemühte sich die AFA auf dem Batteriesektor europaweit um Zukäufe und Beteiligungen auf freiwilliger beziehungsweise erzwungener Basis. Bei den DWM zeigen Investitionen in neue Waffenschmieden in Berlin und Lübeck, besonders aber in Posen, dass Quandt selbst noch 1943 an eine geschäftliche Ausdehnung dachte.

Alle Unternehmen der Quandt-Gruppe beschäftigten im Zweiten Weltkrieg Zwangsarbeiter, Kriegsgefangene und KZ-Häftlinge. Quandt hätte zwar lieber die gut ausgebildeten deutschen Facharbeiter behalten. Als diese jedoch zur Wehrmacht eingezogen wurden, griff er bereitwillig auf die Zwangsarbeiter zurück. Die Frage, ob sich die Beschäftigung von Zwangsarbeitern für die Firmen bezahlt gemacht hat, ist quantitativ kaum zu beantworten. Aber es gibt wenig Zweifel, dass Quandt und seine Führungsebene davon ausgingen, dass sie sich unter den herrschenden Bedingungen lohne.

Die vorhandenen Möglichkeiten zur Verbesserung der Lebens- und Arbeitsbedingungen der Zwangsarbeiter wurden nur genutzt, wenn sie auch der Leistungssteigerung dienten. Günther Quandt war in den wenigsten Fällen unmittelbar mit Zwangsarbeitern konfrontiert; deren Behandlung lag formal in der unmittelbaren Verantwortung der jeweiligen Werkleitung beziehungsweise der Lagerleitung und der SS. Dies kann jedoch keinesfalls als Entschuldigung gelten: Günther Quandt war von Beginn an über die Praxis informiert. Nach Schätzungen waren mehr als 50 000 Zwangsarbeiter in seinen verschiedenen Firmen beschäftigt, nicht eingerechnet jene beim Wintershall-Konzern, an dem Quandt eine bedeutende Minoritätsbeteiligung hielt.

Ein ähnlich düsteres Bild ergibt sich beim Blick auf Quandts Haltung zur »Judenpolitik« und zur Behandlung jüdischer Mitarbeiter. Zwar wurde in einem bemerkenswerten Sonderfall noch im Jahr 1935 der jüdische Wissenschaftler Georg Sachs als Rüstungsexperte in den Vorstand eines wichtigen Quandt-Unternehmens, der Dürener Metallwerke, berufen. Wenig später half Quandt sogar persönlich bei der Ausreise in die USA, als Sachs im Vorstand nicht länger haltbar war.

Allerdings blieb eine opportunistische Haltung unverkennbar. So war es auch bei den »Arisierungen«, die – wie etwa 1937 beim Maschinenhersteller Henry Pels in Erfurt – in Zusammenarbeit mit verschiedenen Reichsstellen durchgeführt wurden. Menschlicher Anstand und kaufmännische Seriosität spielten dabei keine Rolle mehr.

Nach außen folgten diese Geschäftsabschlüsse den etablierten vertragsrechtlichen Regeln: Die Kürzungen des Kaufpreises und die Minderbewertungen der jüdischen Unternehmen waren jedoch Übervorteilungen. Quandt muss sich des

Großindustrieller: Günther Quandt am Schreibtisch in den Vierzigerjahren.

Unrechts bewusst gewesen sein, auch wenn die Zwischenschaltung von Treuhändern den kriminellen Vorgang teilweise verbrämte.

Sein Tun ging über den auch bei Unternehmern zwischen 1933 und 1945 weitverbreiteten psychologischen Mechanismus des »Nicht-so-genau-wissen-Wollens« jedenfalls hinaus. Zwar wäre es für Quandt kaum möglich gewesen, Zwangsarbeiter grundsätzlich abzulehnen, wenn er seine Geschäfte fortführen wollte. Doch es hätte ihm freigestanden, sich nicht an »Arisierungen« zu beteiligen oder zumindest einen dem Unternehmenswert entsprechenden Kaufpreis zu zahlen.

Mit diesen Vorgängen korrespondiert, dass Günther Quandt nach 1945 außer einigen allgemeinen Floskeln kein Wort des Bedauerns gefunden hat und den verschiedenen Wiedergutmachungsansprüchen erst nach langwierigen juristischen Verhandlungen nachgab.

Persönliche Folgen bekam Günther Quandt erst nach 1945 zu spüren. Zwar musste er eineinhalb Jahre in amerikanischer Lagerhaft verbringen. Doch sein Entnazifizierungsverfahren vor einer Starnberger Spruchkammer, besetzt mit überforderten Laienrichtern, endete 1948 glimpflich. Der öffentliche Kläger hatte genügend Zeit, sich ein eigenes Bild von Günther Quandt zu machen. Dieser, so führte er aus, sei nicht in der Lage, irgendjemandem persönlich auch nur ein Haar zu krümmen. Er sei vielmehr die Verkörperung dessen, was man sich unter einem »Arbeitstier« vorstelle.

Trotz einer »erheblichen persönlichen Anspruchslosigkeit« unterscheide er sich in seiner Einstellung zum Geld jedoch von anderen Menschen: Für Quandt stehe im Vordergrund »der Rausch des Machtstrebens, der Rausch des Aufbaues eines gewaltigen Konzerns, die Besessenheit von der eigenen Betätigung und … der Glaube an den Wert der eigenen Arbeit, nicht nur weil Arbeit etwas Moralisches ist, sondern weil der Aufbau des Konzerns das schlechthin Gute ist und weil alles das, was dem Aufbau widerspricht, schlecht ist«.

Der Zweck heilige für Quandt auch solche Mittel, vor denen man im Privatleben gemeinhin zurückschrecke, lautete das Fazit des Klägers. Der abschließende Spruch der Kammer lautete dennoch: »Mitläufer«. Hätte das mit zahlreichen Verfahren überbürdete Laiengericht alle anderen belastenden Aspekte wie Zwangsarbeit und »Arisierungen« berücksichtigt; hätten der Kammer die Dokumente zur Verfügung gestanden, die heute bekannt sind; wäre der Anfangselan der NS-Verfolgung 1948 nicht bereits verpufft gewesen: Das Spruchkammerverfahren wäre gewiss anders verlaufen.

Quandt knüpfte bald wieder an seine industrielle Tätigkeit an, zunächst im Dienst der westlichen Besatzungsmächte. Das in den Familienholdings gesicherte Vermögen war im Wesentlichen intakt geblieben. Und trotz aller Zerstörungen und Demontagen verfügten manche Werke noch über genügend Substanzwerte. Die immensen Schulden, die das Unternehmen 1943/44 angehäuft hatte, wurden im Zuge der Währungsreform und der Neubilanzierung auf einen Bruchteil heruntergerechnet. Da zudem ein Großteil der Rohstoffe erhalten geblieben war, bot sich für den Neustart eine komfortable Ausgangssituation. Sie bildete den Grundstock für den Erfolg in der »Wirtschaftswunderzeit«. Als Günther Quandt 1954 starb, konnte er durchaus den Eindruck haben, Teil einer »Erfolgsgeschichte« zu sein.

Überblickt man seine Schaffensphase vom Kaiserreich bis in die frühe Bundesrepublik, ist es frappierend zu beobachten, wie mühelos er sich dank seiner schnellen Auffassungsgabe mit den jeweiligen politisch-wirtschaftlichen Verhältnissen zu arrangieren wusste. Er war, nicht viel anders als sein langjähriger Geschäftspartner Hermann Josef Abs aus dem Vorstand der Deutschen Bank, »a man for all seasons«, wie der Historiker Lothar Gall diesen einmal bezeichnet hat.

Das Profitdenken Quandts war so dominant, dass für grundsätzliche Fragen nach Recht, Moral und Zivilcourage kein Raum blieb. Dieses Verhalten war in einer Diktatur, in der die Willkür über den Gesetzen steht, besonders fatal. Durch die Verschiebung des Referenzrahmens erweiterten sich die Möglichkeiten, sodass plötzlich Handeln legitimiert war, das unter

HEUTE

Nach dem Tod Günther Quandts erbten die Halbbrüder Herbert (aus erster Ehe) und Harald (Sohn der späteren Magda Goebbels) die Quandt-Gruppe. Herbert übernahm unter anderem die Beteiligung an BMW und vermachte sie seinen Kindern Susanne Klatten und Stefan Quandt, ihr Vermögen wird auf 26,5 Milliarden Euro geschätzt. Haralds Erbe ging an seine Töchter, unter ihnen Gabriele Quandt-Langenscheidt.

»normalen« Verhältnissen als unmoralisch galt beziehungsweise als ungesetzlich geahndet worden wäre.

Als »unpolitisch« missverstand Quandt sein Verhalten im NS-Staat wohl deshalb, weil er sich auf das konzentrierte, was er am besten kannte: sein Unternehmertum. Eine solche Einseitigkeit ist unter rechtsstaatlichen Bedingungen vergleichsweise ungefährlich. Im NS-Staat resultierte jedoch aus dem eingeübten und von Quandt nicht infrage gestellten »natürlichen« Egoismus eine Gleichgültigkeit, deren Einhegung bereits früh von Wirtschaftstheoretikern wie David Hume und Adam Smith als grundlegendes Problem angesehen wurde.

Der »ehrbare Kaufmann« weiß in normalen Zeiten, was sich gehört. In einer Diktatur verkümmern hingegen die ethischen Maßstäbe, die zur Wahrnehmung der Freiheit gehören. Das erleichtert politischen Opportunismus und Moralverlust. Jenseits dieser notwendigen gesellschaftlichen Einhegungen, die der

Staat vornehmen muss, sollte es auch bei jedem Individuum bestimmte Schranken geben, die es nicht zu überschreiten gewillt ist. Diesen Ansprüchen wurde Günther Quandt nicht gerecht.

Ist es vermessen, aus der Rückschau von Geschäftsleuten ein anderes Verhalten zu erwarten als jenes, das andere Deutsche in den Jahren von 1933 bis 1945 an den Tag gelegt haben? Die besondere Verantwortung von Unternehmern zeigt sich heute darin, dass sie von der Selbststilisierung und Selbstexkulpation Abstand nehmen, die viele Jahrzehnte den Umgang mit der NS-Vergangenheit bestimmt haben. Im Jahr 2007 entschlossen sich die Nachkommen von Günther Quandt, die Familiengeschichte wissenschaftlich aufarbeiten zu lassen: Die Zeit der »Festschriften«, in denen die dunklen Aspekte der Firmengeschichte mit ein paar dürren Sätzen abgehandelt oder gar ganz ausgeklammert wurden, war endgültig vorbei.

Für ein im Jahr 2011 erschienenes Werk zum »Aufstieg der Quandts« wurden dem Verfasser dieses Texts unbegrenzter Aktenzugang und völlige Freiheit in der wissenschaftlichen Beurteilung gewährt. Die verwendeten privaten Quellen wurden nach Veröffentlichung der Studie in ein Wirtschaftsarchiv überführt und sind der kritischen Öffentlichkeit zur Überprüfung dauerhaft zugänglich.

Joachim Scholtyseck ist Professor für Geschichte der Neuzeit an der Universität Bonn.

»NAIVE SCHUTZBEHAUPTUNG«

Unternehmen profitierten von den im Zweiten Weltkrieg verschleppten Arbeitskräften, Entschädigung aber wollten sie lange nicht leisten. Warum sie schließlich zahlten, erklärt der Historiker Constantin Goschler.

Ein Interview von Klaus Wiegrefe

SPIEGEL: Herr Goschler, während des Zweiten Weltkriegs haben mindestens zehn Millionen Menschen auf dem Territorium des »Dritten Reiches« Zwangsarbeit geleistet, etwa jeder Vierte starb. In welchem Ausmaß waren die großen deutschen Unternehmerdynastien wie Krupp, Quandt oder Flick an diesen Verbrechen beteiligt?

Goschler: Sie waren intensiv beteiligt. Der Krupp-Konzern beschäftigte mindestens 100 000 Zwangsarbeiterinnen und Zwangsarbeiter, Siemens über 80 000, Flick rund 60 000, Quandt circa 50 000. Diese Firmen hatten eigene Lager für diese Menschen – zum Teil Außenstellen von Konzentrationslagern – mit eigenen Wachleuten, die die Zwangsarbeiter in vielen Fällen sehr schlecht behandelt haben. Damit standen die Großunternehmen allerdings nicht allein. Die gesamte Industrie, die Landwirtschaft, auch private Haushalte waren am System der Zwangsarbeit beteiligt.

SPIEGEL: Macht es das besser?
Goschler: Da gibt es nichts zu relativieren. Man sollte jedoch den Fehler vermeiden, einige große Unternehmen in den Vordergrund zu stellen und damit alle anderen freizusprechen. Krupp oder Siemens standen nicht außerhalb der Gesellschaft. Die deutschen Städte waren voll mit Zwangsarbeiterlagern. Zwangsarbeiter waren überall: am Arbeitsplatz, in der Nachbarschaft, auf den Straßen.
SPIEGEL: Wie funktionierte das System: Forderten die Unternehmen Zwangsarbeiter an oder wurden diese zugeteilt?
Goschler: Man musste sich bei den Behörden dafür bewerben.
SPIEGEL: Die Unternehmen hätten also verzichten können?
Goschler: Ja, aber dann hätten Flick oder Siemens die Produktion einstellen müssen. Ein Großteil der deutschen Männer kämpfte in der Wehrmacht, und daher herrschte in allen Bereichen ein großer Arbeitskräftemangel – diese Lücke sollten die Zwangsarbeiter füllen. Es gab keine Möglichkeit, andere Arbeitskräfte zu bekommen.
SPIEGEL: Gab es Unternehmen, die es ohne Zwangsarbeit versuchten?
Goschler: Ich kenne keinen Fall.
SPIEGEL: Wie profitabel war die Ausbeutung für die Firmen?
Goschler: Die Forschung hat gezeigt, dass vor allem der Staat über Steuereinnahmen von der Zwangsarbeit profitiert hat, weniger die Unternehmen selbst. Und dennoch hat es sich für sie gelohnt: Dank der zwangsweise verpflichteten Arbeitskräfte blieben sie trotz des Krieges im Geschäft, bauten ihren Kapitalstock aus und verfügten 1945 über einen erheblichen Startvorteil gegenüber Unternehmen im Rest Europas. Der Erfolg der westdeutschen Wirtschaft nach Kriegsende beruhte in einem beträchtlichen Ausmaß auf Zwangsarbeit.

SPIEGEL: Der Konzerngründer Friedrich Flick hat in einem der Nürnberger Kriegsverbrecherprozesse ausgesagt, er habe lange geglaubt, die Zwangsarbeiter seien freiwillig gekommen.
Goschler: Das ist unglaubwürdig. Die Unternehmen bekamen die Menschen teils von den Arbeitsämtern zugewiesen, teils wählten sie diese in den besetzten Gebieten selbst aus. Anfangs gab es in besetzten Ostgebieten tatsächlich Versuche, Arbeiter auf freiwilliger Basis anzuwerben. Den Leuten wurde ein tolles Leben in Deutschland in Aussicht gestellt. Doch dann sprach sich herum, dass die Arbeitsbedingungen nicht so waren, wie von der Propaganda vorgegaukelt worden waren. Es wurde immer schwieriger, an Arbeitskräfte zu kommen, und die deutsche Seite ging immer gewalttätiger vor. Da wurden etwa Besucher einer Kinovorführung von der Straße weg festgenommen und abtransportiert. Und auch jene, die ohne Zwang angeworben wurden, blieben angesichts der ausbeuterischen Bedingungen oft nicht freiwillig in Deutschland. Sie hatten nur keine Chance auf Rückkehr. Das galt ganz sicher auch für die Munitionsfabriken von Flick.
SPIEGEL: Im vergangenen Jahr erregte die Firmenerbin Verena Bahlsen Aufmerksamkeit. Sie erklärte, die Zwangsarbeiterinnen und Zwangsarbeiter bei Bahlsen seien von ihrem Großvater »gut behandelt« worden.
Goschler: Das klingt nach einer naiven Schutzbehauptung, die eher die Nachkriegsreflexe widerspiegelt als eine Kenntnis der Verhältnisse. Die Unternehmen waren verantwortlich für die Behandlung der Zwangsarbeiter und haben sich dabei zumeist an die rassistisch geprägten Raster gehalten, die ihnen die NS-Behörden an die Hand gegeben hatten.
SPIEGEL: Was bedeutet das konkret?
Goschler: Die Möglichkeiten, osteuropäische und jüdische

Zwangsarbeitskräfte brutal anzutreiben, wurden radikal ausgenutzt. Es kam daher zu extrem vielen Arbeitsunfällen, oft mit Todesfolge. In der Batterieproduktion der AFA etwa, einem Unternehmen der Quandts, mussten die Zwangsarbeiter ohne Schutzvorrichtungen mit giftigen Schwermetallen umgehen. Und solche Zustände gab es überall. Wer sich nicht der Disziplin beugte, wurde verprügelt, erhielt kein Essen oder kam in ein Arbeitserziehungslager. Diese Lager hatten vor allem einen Zweck: Die Häftlinge wurden darin derart zugerichtet, dass ihr Zustand nach Rückkehr an den Arbeitsplatz die anderen davon abschreckte, gegen Vorgaben zu verstoßen.

SPIEGEL: Erlitten alle Zwangsarbeiter ein derartiges Schicksal?

Goschler: Viele, aber nicht alle. Der Begriff »Zwangsarbeit« wurde im Nachhinein geprägt, darunter fallen ganz unterschiedliche Schicksale. Grundsätzlich erging es Westeuropäern besser als Osteuropäern und Juden. Es gab westeuropäische Zwangsarbeiter, die zu Beginn des Krieges gekommen waren und nicht anders behandelt wurden als deutsche Arbeitnehmer. Am anderen Ende der Skala standen die rund 1,7 Millionen KZ-Häftlinge. Auch der Wirtschaftsbereich spielte eine Rolle. In der Landwirtschaft verhungerte zumindest niemand; in der Schwerindustrie oder in einem Bergwerk hingegen waren die Zustände schon unter Normalbedingungen hart.

SPIEGEL: Zwangsarbeit zählte zu den Anklagepunkten in den Nürnberger Kriegsverbrecherprozessen. Dennoch wurde über Jahrzehnte hinweg fast keiner der Zwangsarbeitenden entschädigt. Wie ist das zu erklären?

Goschler: In Nürnberg wurden die Industriellen Flick und Krupp verurteilt, aber eben auch Fritz Sauckel, der Generalbevollmächtigte für den Arbeitseinsatz. Die Frage stand im

Raum, wer verantwortlich für den Zwangsarbeitereinsatz war: die Unternehmen oder der Staat. In späteren Prozessen gelang es den Unternehmen, die sogenannte Agenten-Theorie durchzusetzen: Sie hätten als Agenten im Auftrag des Staats handeln müssen.

SPIEGEL: Nach dem Krieg haben ehemalige Zwangsarbeiter Unternehmen verklagt.

Goschler: Sie waren nicht sehr erfolgreich. Bei deutschen Zwangsarbeitern entschieden die Gerichte zumeist, dass deren Ansprüche etwa auf Lohnzahlung verjährt seien. Ihre Klagen kamen demnach zu spät. Den ausländischen Zwangsarbeitern sagte man hingegen, sie seien zu früh und müssten sich gedulden. Bei ihnen fand die Agenten-Theorie Anwendung. Ihre Ansprüche richteten sich infolgedessen gegen den Staat, also die Bundesrepublik als Rechtsnachfolger des »Dritten Reiches«. Dadurch wurde die Zwangsarbeiterentschädigung zu einer Reparationsfrage. Nun war aber im sogenannten Londoner Schuldenabkommen 1953 vereinbart worden, alle Reparationsfragen erst in einem Friedensvertrag zu klären. Bis dahin ruhten die Ansprüche. Bekanntlich kam der Friedensvertrag nie.

SPIEGEL: Warum waren die Firmen so hartherzig?

Goschler: Natürlich wollen Unternehmen immer Kosten vermeiden. Eine erhebliche Rolle spielte jedoch auch, dass Flick und die anderen den Makel des Nürnberger Urteils loswerden wollten. Flick hat sich bis zu seinem Tod 1972 geweigert, irgendetwas zu bezahlen, obwohl es ihm problemlos möglich gewesen wäre. Der Mann war mehrfacher Milliardär.

SPIEGEL: Hingegen haben Krupp, Thyssen, Siemens, Rheinmetall und Telefunken schon zwischen 1957 und 1962 für die Entschädigung von KZ-Häftlingen gezahlt.

Goschler: Der US-Jurist Benjamin Ferencz, einst einer der

Ankläger von Nürnberg, hatte sich diese Unternehmen vorgenommen, weil Beweisdokumente aus den Nürnberger Prozessen vorlagen …

SPIEGEL: … sie waren also nicht notwendigerweise die übelsten Unternehmen …

Goschler: … nein, das war nicht das Kriterium bei der Auswahl. Die Unternehmen willigten mit zusammengebissenen Zähnen in die Zahlungen ein, stets mit dem Hinweis verbunden, das sei kein Schuldeingeständnis. Sie hatten Vermögensinteressen in den USA, das war ein starker Hebel. Ferencz hat später beschrieben, wie er als Jude mit ehemaligen Nazis verhandelte, die Rheinmetall vertraten, und ihre antisemitischen Ressentiments kaum verbargen. Es ging dabei nicht nur um Geld, sondern auch um die Legitimität der Urteile von Nürnberg. Die Industrie wollte sich von dem Vorwurf reinwaschen, mitschuldig an den Verbrechen des NS-Regimes gewesen zu sein.

SPIEGEL: Wie hat sich die Regierung Konrad Adenauer (CDU) positioniert?

Goschler: Als bekannt wurde, dass Krupp zahlen wollte, machte das Auswärtige Amt Stimmung dagegen. Die Juristen befürchteten, dass es zu einer Lawine an Forderungen kommen könnte, wenn das Londoner Schuldenabkommen an einem Punkt geknackt würde.

SPIEGEL: Gab es öffentlichen Druck in dieser Frage, etwa durch Gewerkschaften, Kirchen, Medien?

Goschler: Zwangsarbeit galt damals nicht als ein Verbrechen des NS-Regimes, sondern als normale Begleiterscheinung eines Krieges. Eine Ausnahme bildeten nur die Zwangsarbeiter in den Konzentrationslagern. Dass solche Lager unrecht waren, ließ sich schwer leugnen. Erst in den Achtzigerjahren änderte sich die Einstellung zur Zwangsarbeit.

SPIEGEL: Wie kam es zu dem Wandel?

Goschler: Die Zwangsarbeiter kamen in der westdeutschen Debatte um die sogenannten vergessenen Opfer in den Blick. Zunächst waren damit Homosexuelle oder etwa Sinti und Roma gemeint. Zivilgesellschaftliche Akteure kritisierten deren Diskriminierung in der Bundesrepublik mit dem Argument, das sei eine Folge der Diskriminierung im »Dritten Reich«. Bezeichnenderweise ging es in der Diskussion zunächst vor allem um deutsche Zwangsarbeiter. Erst allmählich geriet Osteuropa und damit die ganze Dimension in den Blick.

SPIEGEL: Wie reagierten die Unternehmen?

Goschler: Einige erkannten, dass sie mit der aufflammenden öffentlichen Debatte am besten umgingen, indem sie die Offensive ergriffen. Das wurde durch einen Generationswechsel in den Chefetagen erleichtert. Die Abwehrhaltung bröckelte, zuerst in der Automobilindustrie, später in allen Bereichen. Die Auseinandersetzung mit dem Thema folgte bald einem Muster: Am Anfang stand eine kritische Veröffentlichung in den Medien. Dann beauftragte das Unternehmen eine Historikerkommission, gern auch mit einem jüdischen Kollegen. Die Kommission verfasste eine offizielle Studie als Beleg, dass man die Angelegenheit ernst nimmt.

SPIEGEL: Aber gezahlt wurde dennoch immer noch nicht.

Goschler: Am Ende schon. 1998 wurde Gerhard Schröder Kanzler. Im rot-grünen Milieu hatte es zuvor bereits eine Debatte über einen Fonds zur Entschädigung gegeben. Zugleich gerieten in den Neunzigerjahren finanzstarke deutsche Exportunternehmen in den USA unter Druck. Ehemalige Zwangsarbeiter entdeckten dort das Instrument der Sammelklage aus dem Verbraucherschutz. Die Blockadewirkung des Londoner Schuldenabkommens von 1953 funktionierte jetzt nicht mehr.

Es folgten bis 2000 enorm komplexe Verhandlungen mit Vertretern der Zwangsarbeiter, einigen NGOs, Diplomaten aus diversen Staaten, den Unternehmen. Auf deutscher Seite führte der ehemalige Wirtschaftsminister Otto Graf Lambsdorff die Verhandlungen.

SPIEGEL: Was war sein Ziel?

Goschler: Die US-Regierung sollte die Sammelklagen abwenden, indem sie erklärte, dass die Verfahren nicht im außenpolitischen Interesse der USA seien. Im Gegenzug musste die Bundesregierung ein substanzielles Angebot vorlegen, auf das die US-Regierung die amerikanischen Gerichte verweisen konnte.

SPIEGEL: Wie sah das Angebot aus?

Goschler: Zehn Milliarden D-Mark Entschädigung. Die Hälfte sollte – freiwillig – von Unternehmen kommen, die das übrigens steuerlich absetzen konnten. Die andere Hälfte sollte der Staat übernehmen.

SPIEGEL: Wie kamen die zehn Milliarden zustande?

Goschler: Das war eine politische Zahl. Man hat nicht etwa gerechnet, welche Ansprüche Zwangsarbeiter hatten. Die Stiftung »Erinnerung, Verantwortung und Zukunft« hat später in Zusammenarbeit mit Partnerorganisationen rund 8,3 Milliarden Mark an knapp 1,7 Millionen ehemalige Zwangsarbeiter ausgezahlt. Die Beträge schwankten zwischen wenigen Hundert und maximal etwa 7700 Euro.

SPIEGEL: Finden Sie das angemessen?

Goschler: Es ist keine Erfolgsgeschichte. Man sollte andererseits Respekt haben vor dem, was an Entschädigung zustande gekommen ist, auch wenn diese natürlich in keinem Verhältnis zu dem Leid steht, das die Zwangsarbeit mit sich gebracht hat.

SPIEGEL: Und wie sehen es die ehemaligen Zwangsarbeiter?

Goschler: Unterschiedlich. Nicht für alle steht die Zwangsarbeit im Mittelpunkt der Selbstwahrnehmung als NS-Opfer. Bei jüdischen Verfolgten wiegt die Ermordung ihrer Familien natürlich weit schwerer. Viele Zwangsarbeiter wurden jedoch nach der Befreiung in ihren Heimatländern als Kollaborateure diskriminiert. Die Entschädigung hat für sie daher auch symbolische Bedeutung. Sie belegt, dass diese Menschen Opfer des Nationalsozialismus sind und keineswegs Verräter. Das sollte man nicht unterschätzen.

Constantin Goschler, geboren 1960, lehrt Zeitgeschichte an der Ruhr-Universität Bochum. Der Experte für die Geschichte der sogenannten Wiedergutmachung leitete von 2007 bis 2011 das Forschungsprojekt, mit dem die Stiftung »Erinnerung, Verantwortung und Zukunft« (EVZ) – zuständig für die Entschädigung von Zwangsarbeitern – ihre Praxis untersuchen ließ.

FAUSTISCHER PAKT

Den Familien Porsche und Piëch gelang der Aufstieg dank der Unterstützung eines mächtigen Mannes: Adolf Hitler.

Von Uwe Klußmann

Am Himmelfahrtstag, dem 26. Mai 1938, erlebte die kleine niedersächsische Gemeinde Fallersleben einen großen Aufmarsch. Etwa 50 000 Menschen kamen, mobilisiert von der NSDAP. Kinder und Jugendliche aus dem »Deutschen Jungvolk« und der Hitlerjugend schwenkten papierene Hakenkreuzfähnchen. In Reih und Glied standen Mitglieder der SA, der SS und Ehrenkompanien der Wehrmacht. Mit einem »Jubelsturm grüßender Freude«, so tags darauf das NSDAP-Zentralorgan *Völkischer Beobachter*, empfingen alle den »Führer« Adolf Hitler. Der legte den Grundstein »zu der größten und vorbildlichsten industriellen Anlage des nationalsozialistischen Reiches« *(Völkischer Beobachter)*. Neben der Tribüne standen drei Volkswagen.

Das war der Gründungstag des Volkswagenwerks im heutigen Wolfsburg. In dieser Fabrik gingen in den folgenden Jahren Totalitarismus und Technik, Tüftlertum und Terror eine feste Allianz ein. Und manche von denen, die damals jubelten, fuhren in den folgenden Jahren mit Wagen aus dem VW-Werk nicht in die Freizeit, sondern ins Verderben.

Zur Grundsteinlegung hielt Hitler eine Rede, mit der er die Teilnehmer begeisterte. Der »Kraftwagen«, so der »Führer«, müsse »ein wirkliches Verkehrsmittel breitester Massen werden«. Entscheidend sei, dass der Kraftwagen erschwinglich werde und aufhöre, »ein klassentrennendes Mittel zu sein«. Der neue Pkw für die Masse solle »KdF-Wagen« heißen, nach der Organisation »Kraft durch Freude« der »Deutschen Arbeitsfront« (DAF). Das war die Zwangsgewerkschaft des Regimes. Auf der Tribüne stand der Konstrukteur, dem das Regime den neuen Pkw verdankte, Ferdinand Porsche. Mit ihm fuhr Hitler, der keinen Führerschein besaß, in einem VW-Cabriolet vom Kundgebungsgelände. Am Steuer saß Porsches Sohn Ferry.

Die Propagandashow war ein Höhepunkt einer immer engeren Zusammenarbeit Porsches mit Hitler. Beide verband neben der österreichischen Herkunft die Begeisterung für Automobile. An Politik war Porsche, seit 1937 Mitglied der NSDAP, nicht sehr interessiert, sehr wohl aber an den Möglichkeiten, die sich dadurch auftaten.

Der gelernte Mechaniker Porsche, geboren 1875 in Böhmen im Kaiserreich Österreich-Ungarn, war außergewöhnlich begabt, was technische Neuerungen anging. Schon mit Mitte zwanzig baute er das erste Fahrzeug mit Allradantrieb. 1923 stieg er zum Leiter des Konstruktionsbüros und zum Vorstandsmitglied der Daimler-Motoren-Gesellschaft auf. Dort schied der eigenwillige Ingenieur einige Jahre später nach heftigen Auseinandersetzungen aus.

1930 machte er sich in Stuttgart mit einem Konstruktionsbüro selbstständig. Dort erreichte ihn 1932 ein Angebot, das ihn elektrisierte. Die Sowjetunion lud ihn ein, Moskau und sowjetische Fabriken zu besichtigen. Machthaber Josef Stalin hatte ein Jahr zuvor verkündet, sein Land müsse den Rückstand gegenüber entwickelten Ländern rasch überwinden. Dieser Abstand, so Stalin, betrage etwa 50 bis 100 Jahre. Ihn müsse man in zehn Jahren wettmachen: »Sonst werden wir zermalmt.« Für dieses ehrgeizige Projekt suchte die Sowjetführung Spitzenkräfte aus dem Westen. So kam sie auf Porsche.

Im Juli 1932 fuhr der Konstrukteur nach Moskau. Von dort aus ging die Reise zu Automobil- und Flugzeugfabriken. Er besuchte das Traktorenwerk in Stalingrad, das auch als Panzerwerk diente. Und die Sowjets zeigten ihm die russische Halbinsel Krim am Schwarzen Meer. Dort wollten sie Porsche eine Villa zur Verfügung stellen. Doch Porsche lehnte ab, aus praktischen, nicht aus politischen Gründen. Er war 57 Jahre alt und sprach kein Wort Russisch. Und er fürchtete wohl Heimweh. Nur rund ein halbes Jahr nach seiner Sondierungstour durchs Sowjetland kam er in engen Kontakt mit Adolf Hitler. Der verkörperte die totalitäre Synthese aus modernster Technik und persönlicher Allmacht mindestens ebenso konsequent wie sein Moskauer Konkurrent Stalin.

Hitler hielt am 11. Februar 1933, knapp zwei Wochen nach seiner Ernennung zum Reichskanzler, eine Rede auf der Internationalen Automobilausstellung in Berlin. Er versprach die »Durchführung eines großzügigen Straßenbauplanes«. Es müssten für Millionen Menschen »durch das gesamte Kraftverkehrswesen neue und bequeme Verkehrsmöglichkeiten erschlossen« werden. Da sah Porsche seine Chance. Er sandte Hitler gleich zwei Telegramme. Im ersten beglückwünschte er »Euer Exzellenz zur tiefgründigen Eröffnungsrede der deutschen Automobilausstellung«. Im zweiten äußerte er die Hoffnung, »Eurer Exzellenz Beachtung und Förderung teilhaftig zu werden«. Auf die Antwort musste er nicht lange warten. Schon am 1. März 1933 saß Porsche in der Reichskanzlei an der Wilhelmstraße in Berlin Hitler gegenüber. Während in Folterkellern SA-Männer politische Gegner blutig schlugen, parlierten Porsche und Hitler über Höchstleistungsmotoren.

Im Januar 1934 übergab Porsche der Reichskanzlei eine Denkschrift zum Bau eines Kleinwagens als »vollwertiges Gebrauchsfahrzeug«. Kurz darauf, am 7. März 1934, eröffnete Hitler erneut die Internationale Automobilausstellung und versprach erstmals die »Schaffung eines Volkswagens«. Deutschland war, was Motorisierung anging, das Schlusslicht unter den Industriestaaten. Während 1930 in den USA schon 26 Millionen Pkw zugelassen waren, gab es in Deutschland nur 489 000 registrierte Autos. Der »Volkswagen« sollte helfen, den Abstand zu verringern.

Die Kraftfahrzeuge, die es bis dahin gab, waren vor allem Oberklassemodelle. Leisten konnten sie sich nur Unternehmer und gut bezahlte Künstler, nicht aber Angestellte und Arbeiter. Von der viertürigen Limousine Mercedes 170, seit 1931 auf dem Markt, wurden 1932 gerade einmal 4438 Exemplare gebaut. Der Preis betrug mit 4400 Reichsmark (RM) mehr als das Zwanzigfache eines Durchschnittsmonatslohns, der 1931 bei 192 RM lag. Der »Volkswagen« sollte den Automobilmarkt von Grund auf ändern: Dieser Wagen, so Hitler, müsse im Preis dem »finanziellen Leistungsniveau« der »Millionenmasse der Käufer« entsprechen. Dies sei »die bedeutendste Aufgabe der deutschen Kraftwagenindustrie«.

Deutscher Marktführer in dieser Branche war Opel. Der zweitgrößte deutsche Automobilhersteller war die 1932 geschaffene Auto-Union mit den Horch-Fahrzeugen. Dahinter folgte die Daimler Benz AG, 1926 entstanden aus der Fusion der Daimler-Motoren-Gesellschaft mit der Firma Benz & Cie. Mit den Plänen für einen »Volkswagen« forderte das nationalsozialistische Regime die private Autoindustrie heraus. In deren Chefetagen grassierte die Furcht, ein Billigwagen werde das Geschäft mit teureren Fahrzeugen ruinieren.

In diesem Konflikt setzte Porsche, der 1931 sein Konstruktionsbüro zur »Porsche GmbH« umgewandelt hatte, auf einen Schulterschluss mit Hitler, zum eigenen Nutzen. Anfang April 1934 traf sich Porsche im Berliner Hotel Kaiserhof erneut mit dem »Führer und Reichskanzler«. Hitler hatte einen Vertrauten mitgebracht, der bald ein enger Partner Porsches wurde, Jakob Werlin. Der österreichische Autoverkäufer und fanatische Nazi war Hitlers Berater für das Kraftfahrzeugwesen.

Mit Hitlers Rückendeckung schloss Porsche im Juni 1934 mit dem Reichsverband der Automobilindustrie (RDA) einen Vertrag für Entwurf und Konstruktion eines »Versuchswagens«. Doch während der Konstrukteur Porsche an Varianten des später als »Käfer« bekannt gewordenen Volkswagens werkelte, versuchte der Reichsverband den »Führer« auszubremsen. Da offener Widerstand gegen Hitler dem nicht opportun erschien, versteckten Verbandsfunktionäre ihre Obstruktion hinter scheinbarer Loyalität.

So beteuerte RDA-Präsident Robert Allmers im Februar 1936 in einem Schreiben an die Reichskanzlei, die Automobilindustrie werde in Sachen Volkswagen »alles Erdenkliche« aufbieten, um »der Forderung des Führers gerecht zu werden«. Doch im selben Schreiben schürte er Misstrauen gegen Porsche. Niemand wisse, so Verbandsfunktionär Allmers, ob Porsches »Konstruktion sich in der Praxis bewähren wird«. Das war ein unverhohlener Versuch, den Volkswagen zu stoppen.

Doch Porsche konnte sich auf Hitler verlassen. Der »Führer« antwortete auf die Intrige der Automobilfabrikanten gegen

Porsches Projekt in seiner Rede auf der Automobilausstellung am 15. Februar 1936. Dort kündigte er an, er werde »mit rücksichtsloser Entschlossenheit die Vorarbeiten für die Schaffung des deutschen Volkswagens durchführen« lassen – das bedeutete: mit Porsche und gegen die Automobilindustrie.

Zu dieser Zeit verschlechterte sich Hitlers Verhältnis zur alten Wirtschaftselite insgesamt. Das nationalsozialistische Regime begann, mit Elementen von Staats- und Planwirtschaft zu experimentieren. Wie sehr ihm dabei das Beispiel von Porsches Beinahepartner Stalin vor Augen stand, zeigte Hitler 1936 in einer Denkschrift zum proklamierten »Vierjahresplan«. Die »deutsche Wirtschaft«, schrieb Hitler, werde sich womöglich »unfähig erweisen in dieser modernen Zeit, in der ein Sowjet-Staat einen Riesenplan aufrichtet«.

In dieser Situation lag Porsche mit seiner Ansicht, der Bau des Volkswagens werde von der Automobilindustrie »sabotiert«, ganz auf der Linie Hitlers. Dem führte er am 11. Juli 1936 auf dem Berghof in Berchtesgaden zwei Volkswagen-Prototypen vor. In der sommerlichen Bergluft lauschte Porsche einem rhetorischen Höhenflug des begeisterten »Führers«. Der kündigte an, nun werde er ein eigenes Werk für den Volkswagen bauen lassen, womöglich am Unterlauf der Elbe.

Nur wenig später, im Mai 1937, wurde in Berlin die »Gesellschaft zur Vorbereitung des Deutschen Volkswagens« (Gezuvor) gegründet. Die Firma wurde von drei Geschäftsführern geleitet: Porsche, Hitlers Automobilexperten Jakob Werlin und Bodo Lafferentz, Reichsamtsleiter der Deutschen Arbeitsfront. Die Pläne zur Firmengründung hatte Porsche kurz zuvor in einem gemeinsamen Urlaub mit Lafferentz und Werlin diskutiert, auf dem KdF-Kreuzfahrtschiff »Sierra Cordoba« der Deutschen Arbeitsfront. Die DAF hatte sich durch die Enteignung der Gewerkschaften ein gewaltiges Vermögen verschafft und brachte nun ein Kapital von 50 Millionen Reichsmark in das Automobilwerk ein.

Das Volkswagenwerk, von Beginn an in Staatsbesitz, war ein Projekt, das nicht der Marktwirtschaft, sondern den Maximen von Hitlers »Mein Kampf« entsprach. In seinem Buch hatte Hitler 1924/25 geschrieben, um »die Massen« für die »nationale Erhebung zu gewinnen«, sei »kein soziales Opfer zu schwer«. Aus diesem Denken heraus setzte Hitler den Preis für den »Volkswagen« als politischen Preis fest. Der Käufer sollte nicht mehr als 1000 Reichsmark bezahlen. Doch hinter dem »Preiswunder«, von dem DAF-Funktionär Lafferentz bei der Grundsteinlegung für VW tönte, verbargen sich wirtschaftliche Abgründe.

Eine im Porsche-Archiv erhaltene Kalkulation vom Oktober 1939 ergab bei einer geplanten Produktion von 250 000 Fahrzeugen einen Verlust von 1080 Reichsmark pro Pkw. Um die Finanzierung der Volkswagenproduktion zu sichern, hatte die DAF ein »Sparsystem« ins Leben gerufen. Die Arbeitsfront gab die »KdF-Wagen-Sparkarte« aus und dazu die Parole »Fünf Mark die Woche musst Du sparen – willst Du im eignen Wagen fahren«.

Bis 1945 zahlten 340 000 Sparer in das System ein. Doch bekamen die meisten von ihnen weder einen Wagen, noch sahen sie ihr Geld wieder. Tatsächlich wurde im Volkswagenwerk nur ein Bruchteil der eigentlich geplanten Autos produziert: Bis Kriegsbeginn wurden lediglich wenige Hundert zivile Volkswagen fertig. Und von 1940 bis Kriegsende liefen gerade einmal 630 Pkw vom Band. Parteigenosse Porsche (Mitgliedsnummer 5643287) aber berauschte sich an der Gunst, die ihm das Regime erwies. 1938 stieg er zum Hauptgeschäftsführer und Aufsichtsratsmitglied der Volkswagen GmbH auf, Hitler

Vertraut: Zu Hitlers 50. Geburtstag präsentierte Porsche ein Modellauto.

verlieh ihm den mit 100 000 Reichsmark dotierten »Nationalpreis«. Nebenher war er Chef seiner eigenen Firma, die in Privatbesitz blieb und vor allem Rennwagen baute.

Dass Porsche die abenteuerliche Preispolitik des Volkswagenwerks nicht auf die Füße fiel, dafür sorgte Hitlers Politik. Er entfachte im September 1939 den Zweiten Weltkrieg mit dem Überfall auf Polen. Flugs verwandelte Porsche die Fabrik in einen Rüstungsbetrieb. Statt »Volkswagen« baute VW fortan vor allem Kriegsfahrzeuge: Bis 1945 montierten Arbeiter in Wolfsburg rund 51 000 Kübelwagen und 14 000 Schwimmwagen, die sich, wie die »Deutsche Wochenschau« 1942 berichtete, »in der Kälte des Ostens und in der Hitze Afrikas bewährten«.

Das VW-Werk produzierte zudem Panzerfäuste, Tellerminen, Flugzeugmotoren, Bomben und Teile für die »Vergeltungswaffe«

V 1, eine erste Mittelstreckenrakete. Porsche persönlich konzentrierte sich nach Kriegsbeginn auf die Konstruktion neuer Panzer, in Abstimmung mit Hitler. Im VW-Werk sorgte er dafür, dass im Juni 1941 sein Schwiegersohn Anton Piëch Werkleiter wurde und neben Porsche und Lafferentz zum Hauptgeschäftsführer der Volkswagen GmbH aufstieg. Die Naziführung hatte keine Einwände, denn Piëch, der auch zehn Prozent an der Porsche GmbH hielt, war einer der Ihren: Das Mitglied einer Wiener schlagenden Burschenschaft gehörte schon seit 1933 zu der in Österreich illegalen NSDAP.

Diese Personalentscheidung kombinierte Nepotismus und NS-Funktionärsherrschaft und band das Duo Porsche/Piëch an das Regime. Wie Porsche sich vom Nationalsozialismus korrumpieren ließ, hatte bereits der »Volkswagenvertrag« mit der DAF von 1937 gezeigt. Der sah vor, dass der Konstrukteur eine »Erfolgsprämie« von 0,5 Prozent pro »KdF-Wagen« kassieren sollte. Dies stand im deutlichen Kontrast zum Programm der NSDAP – denn das forderte im Punkt elf die »Abschaffung des arbeits- und mühelosen Einkommens«.

Die Panzerkonstruktion ermöglichte Porsche einen weiteren Aufstieg im NS-System. Einen Tag vor dem Überfall auf die Sowjetunion, am 21. Juni 1941, ernannte Hitler seinen Lieblingskonstrukteur zum Leiter der Panzerkommission. Im Jahr darauf verlieh ihm Hitler das Kriegsverdienstkreuz 1. Klasse und ehrte ihn als »Pionier der Arbeit«, gemeinsam mit dem NS-Wirtschaftsminister Walther Funk und dem Bombenflugzeugkonstrukteur Ernst Heinkel. Dass das Regime Porsche nicht weniger schätzte als seinen Wirtschaftsminister, bekannte Propagandaminister Joseph Goebbels im Mai 1942 in seinem Tagebuch. Zur Preisverleihung notierte er: »Sie haben es alle drei auf das Beste verdient.«

Zwar musste Porsche im Dezember 1943 auf Druck des Rüstungsministers Albert Speer den Vorsitz der Panzerkommission aufgeben. Zuvor hatte der selbstverliebte Porsche für seinen »Führer« den Panzer »Ferdinand« bauen lassen. Der galt als »unverwundbar«, bis sowjetische Artilleristen ihn im Juli 1943 in der Schlacht bei Kursk massenhaft in rauchenden Schrott verwandelten. Doch der »Führer« blieb Porsche gewogen. Noch ein Jahr vor Kriegsende, am 1. Mai 1944, verlieh Hitler seinem Konstrukteur für das Volkswagenwerk den Titel »Nationalsozialistischer Musterbetrieb«. DAF-Chef Robert Ley überreichte Porsche die Urkunde bei einem »Betriebsappell« vor angetretener Belegschaft.

»Porsche verband eine Vasallentreue mit dem Diktator«, bilanzierte der Historiker Hans Mommsen in seiner gemeinsam mit Manfred Grieger verfassten Studie »Das Volkswagenwerk und seine Arbeiter im Dritten Reich«. Für zahlreiche Menschen hatte der faustische Pakt zwischen Porsche und Hitler fatale Folgen. Um die Rüstungsproduktion im VW-Werk anzukurbeln, trafen sich Porsche und sein Geschäftsführerkollege Werlin im Januar 1942 im Führerhauptquartier mit Reichsführer SS Heinrich Himmler. Gemeinsam beschlossen sie, dass die SS für VW »Arbeitskräfte aus den Konzentrationslagern stellt«. Als Folge entstand das KZ »Arbeitsdorf« bei Fallersleben und danach am selben Ort das KZ-Außenlager Laagberg. Im Gegenzug sagte Porsche 1942 die Lieferung von 4000 Kübelwagen für die Waffen-SS zu.

Noch 1944 bat Porsche den SS-Chef, ihm 3500 KZ-Gefangene für ein ausgelagertes Werk im besetzten französischen Tiercelet zu liefern. Insgesamt waren es etwa 5000 KZ-Häftlinge und 15 000 Zwangsarbeiter, die während des Krieges im VW-Werk arbeiteten. Zu ihnen gehörten auch Metallfacharbei-

Verwandt: Porsche mit seinen Enkeln Ferdinand Alexander Porsche (l.) und Ferdinand Piëch (r.) um 1949.

ter, die VW aus dem KZ Auschwitz heranschaffen ließ. Die Perversion dieses von Porsche geschaffenen Systems beschrieb die ehemalige Gefangene Julia Kertesz, als Sklavenarbeiterin im VW-Werk tätig, 1992 in der Zeitschrift »Dachauer Hefte«: »Wir mussten zwölf Stunden pro Tag arbeiten, wechselweise in Tag- und Nachtschicht.«

Auch Kriegsgefangene und zivile »Ostarbeiter« wurden im VW-Werk ausgebeutet. Der »stufenweise Prozess der Brutalisierung« im VW-Werk, so der Porsche-Biograf Reinhard Osteroth, traf vor allem Osteuropäer. Sowjetische Kriegsgefangene, die schon ab Oktober 1941 ins Werk geschickt wurden, waren oft vom Hunger so geschwächt, dass sie von Kameraden ins Werk getragen werden mussten. Allein von den ersten 120 sowjetischen Gefangenen starben dort 27.

Das für »wehrwirtschaftliche« Betriebe zuständige Rüstungskommando Braunschweig vermerkte am 8. Mai 1942, die vom Reichsministerium für Ernährung und Landwirtschaft erlassenen Kaloriensätze für die Kriegsgefangenen seien so niedrig, dass deren Zustand im VW-Werk »erschreckend« sei: »Täglich brechen Leute an den Maschinen ermattet zusammen.« Um zu überleben, kochten Kriegsgefangene in der Panzerlaufradproduktion immer wieder Kartoffeln unter Zuhilfenahme kurzgeschlossener Stromkabel.

Als es dabei zu einem Kabelbrand kam, wurde der Kriegsgefangene Iwan Tereschenko 1943 vom Werkschutz erschossen, der aus SS-Männern bestand. Im selben Jahr erschlugen SS-Schergen mit Gewehrkolben den 16-jährigen russischen Häftling Fjodor Markewitsch. Der Rohrleger hatte bei einem Luftangriff Schutz in einem nahen Waldstück gesucht. Mindestens 350 Säuglinge osteuropäischer Arbeiterinnen im VW-Werk kamen um. Sie wurden von ihren Müttern getrennt und unzureichend ernährt.

Porsche wusste von den Zuständen in der Zwingburg der Zwangsarbeit, zu der das VW-Werk geworden war. VW-Betriebsarzt und SS-Hauptsturmführer Hans Körbel hatte Porsche schon im Herbst 1941 einen Bericht mit Fotos ausgemergelter russischer Kriegsgefangener überreicht. Porsche legte den Bericht kurz darauf bei einem Treffen im Führerhauptquartier »Wolfsschanze« auch Hitler vor. Doch es änderte sich nichts. An Demission scheint Porsche nie gedacht zu haben. »Moralische Indifferenz« bescheinigte der Historiker Mommsen dem Konstrukteur. Er konstatierte eine »Mitverantwortung« der Betriebsleitung für die Lage der KZ-Gefangenen im Werk.

HEUTE

Volkswagen AG

Eigentümer
31 % Porsche Holding, 15 % Katar,
12 % Land Niedersachsen u. a.

Umsatz (2019)
252,6 Mrd. Euro

Gewinn nach Steuern (2019)
14 Mrd. Euro

Mitarbeiter
119 200

Geschäftsfeld
Automobilbau

Für die Sklavenarbeit im VW-Werk und seine Kollaboration mit Hitler musste sich Porsche nie rechtfertigen. Zwar wurde er gemeinsam mit Schwiegersohn Piëch im Dezember 1945 in Baden-Baden festgenommen. Dafür hatte Frankreichs damaliger Industrieminister Marcel Paul gesorgt, ein Buchenwald-Überlebender. Der hätte Hitlers Konstrukteur gern vor Gericht gesehen. Doch der Minister hatte einen Makel, der ihn 1947 im beginnenden Kalten Krieg das Amt kostete: Er war Mitglied der Französischen Kommunistischen Partei. Pauls Entlassung trug dazu bei, dass Porsche und Piëch nach 22 Monaten wieder freikamen. Die für Entnazifizierung zuständige zentrale Spruchkammer in Nord-Württemberg stellte das Verfahren gegen Porsche im August 1949 ein.

Die Porsche GmbH überstand den Krieg in Privatbesitz, Porsche und seine Kinder sowie sein Schwiegersohn Anton Piëch retteten ihr Vermögen in die Nachkriegszeit. Porsche starb 1951 im Alter von 75 Jahren in Stuttgart. Er bekam noch mit, dass sein »Volkswagen« in leicht verändertem Design als »Käfer« zum Bestseller wurde.

Das Volkswagenwerk wurde 1960 teilprivatisiert, seit 2009 ist die Volkswagen AG indirekt mehrheitlich im Besitz der Familien Porsche und Piëch. Porsches Enkel Ferdinand Piëch war von 1993 bis 2002 Vorstandsvorsitzender und bis 2015 Aufsichtsratsvorsitzender des Unternehmens. Piëch bekannte in den Neunzigerjahren gegenüber dem SPIEGEL, dass seine Empathie mehr seinem Opa als den Opfern galt: »Großvater hatte ein Gespür dafür, wo er mit seinen Ideen etwas erreichen konnte.«

Schnelles Wissen

Wie hoch ist der Anteil der Familienunternehmen an der deutschen Wirtschaftsleistung?

Eigentümergeführte Familienunternehmen hatten 2017 einen Anteil von 47 Prozent am Gesamtumsatz deutscher Privatunternehmen. Rechnet man auch jene Familienfirmen hinzu, die von externen Managern geleitet werden, betrug der Umsatzanteil sogar 52 Prozent.

»DU GIBST EHER ZU VIEL AB«

Vor allem kleine Unternehmen werden von Familien geführt – wie die Werkzeughandlung Lüdemann in Hamburg. Ein Gespräch mit Vater und Tochter über Pflichtgefühl und Stolz auf die Tradition.

Ein Interview von Joachim Mohr und Eva-Maria Schnurr

SPIEGEL: Frau Peters, Ihr Vater führt ein Familiengeschäft in vierter Generation, Sie sind die fünfte und werden bald übernehmen. Sind Sie hier im Laden mehr oder weniger aufgewachsen?
Charlotte Peters: Ich kenne den Laden natürlich schon immer. Und ich kann mich daran erinnern, dass ich oft unten gewartet und Papa abgeholt habe. Alle Mitarbeiter kennen mich noch, als ich klein war, wenn ich mal eine Stunde hier abgeschoben wurde, weil Papa noch arbeiten musste und keiner Zeit hatte.
Jochen Peters: Die Kinder waren immer dabei. Das ist klischeehaft, aber es ist halt so in einem Familienbetrieb. Das ging mir ja genauso. In den Schulferien habe ich die Regale aufgefüllt und Schrauben sortiert. Oder auch mal an der Kasse gesessen, ein bisschen Taschengeld nebenbei verdient.
SPIEGEL: Herr Peters, Ihr Urgroßvater Emil Lüdemann hat die Firma 1897 gegründet. Ist das Haus, in dem der Laden heute ist, der Stammsitz der Firma?

Jochen Peters: Nein, das erste Gebäude stand etwa hundert Meter weiter südlich, dort, wo jetzt eine Autobahnauffahrt ist. Der alte Herr Lüdemann war eines von elf Kindern, zu seinem Erbe gehörte unter anderem das Grundstück. Dort hat er seine Firma gehabt, zunächst eine Werkzeugfabrik – damals hat man das Werkzeug und landwirtschaftliche Geräte ja noch selbst hergestellt. Einer der ersten Kunden war Hagenbecks Tierpark, für den alten Hagenbeck hat mein Urgroßvater unter anderem Käfige gebaut. Emils Sohn Hans Lüdemann ist in den Zwanzigerjahren mit eingestiegen und hat das Geschäft in Richtung Handel entwickelt.

SPIEGEL: Wie kam es zur Namensänderung von Lüdemann zu Peters?

Charlotte Peters: Das fragen alle.

Jochen Peters: Der Emil Lüdemann hatte drei Kinder, Hans, Gustav und eine Tochter Amalie. Gustav hat sich aus dem Geschäft herausgehalten, Hans hatte keine Kinder. Amalie war mit einem Sohn der Schlachterei Peters verheiratet, der ältesten Schlachterei Hamburgs. Sie hatten drei Kinder, zwei Jungen und ein Mädchen. Der eine Junge hat die Schlachterei übernommen, der andere hat dann gesagt, ja komm, dann mache ich den Eisenwarenhändler. Das war ja damals so, dass der Laden in der Familie blieb. Mein Vater ist dann eben in den Fünfzigerjahren eingestiegen und hat das Geschäft in den Siebzigerjahren komplett übernommen.

SPIEGEL: War für Sie immer klar, dass Sie ihm nachfolgen würden?

Jochen Peters: Nein, eigentlich nicht. Ich habe drei Brüder, zwei ältere und einen jüngeren. Jeder ist so seinen Weg gegangen. Ich hatte eigentlich etwas anderes vor, zwar auch im kaufmännischen Bereich, aber nicht im Geschäft des Vaters. Dann haben meine Eltern aber irgendwann die Frage aufgeworfen, wer denn die Firma mal übernehmen werde. Und, wie sagt man so schön: Drei sind zurückgetreten, und ich bin stehen geblieben. Dementsprechend habe ich das dann halt gemacht.

SPIEGEL: Das klingt eher nach Pflichtgefühl als nach Herzensentscheidung?

Jochen Peters: Ja, es ist halt an mir hängen geblieben. Und dann hat man die Liebe dazu gefunden. Meine Eltern kamen beide aus Firmenhaushalten, sie haben sehr viel Wert drauf gelegt, dass jemand aus der Familie das Geschäft übernimmt. Bei meiner Mutter war sogar das Wohnhaus noch über der Firma, das war noch schlimmer, weil man abends immer noch mal ins Büro gegangen ist. Das ist hier Gott sei Dank nicht der Fall.

Charlotte Peters: Du warst auch lange mit Opa gemeinsam hier. Opa ist ja nie in den Ruhestand gegangen.

Jochen Peters: Mein Vater hat sich erst mit 73 Jahren, im Jahr 2005, komplett zurückgezogen, von da an kam er nur noch einmal in der Woche als Gast. Aber er kannte es eben nicht anders, die Firma war auch sein Hobby.

SPIEGEL: Funktioniert das in einer Familienfirma, wenn man vor allem aus Pflichtgefühl einsteigt?

Jochen Peters: Mir ist das Geschäft mit der Zeit sehr ans Herz gewachsen. Man liebt das, man geht darin auf.

SPIEGEL: Frau Peters, wie war das bei Ihnen? Sie haben ja auch erst etwas anderes gemacht.

Charlotte Peters: Ich finde es gut, dass bis jetzt jeder von uns vorher etwas anderes gemacht hat, weil gerade in Familienbetrieben ja Betriebsblindheit eine Gefahr ist. Opa hat eine Schlachterlehre gemacht, Papa hat etwas anderes gemacht, und ich habe in einer Bank gelernt.

SPIEGEL: Hatten Sie schon im Hinterkopf, dass Sie die Firma übernehmen?

Charlotte Peters: Die Firma ist ja wie ein Geschwisterkind, allerdings eines, das nie auswächst. Sie bleibt immer Kind Nummer eins. Und klar, man denkt schon: Was ist, wenn Papa in Rente geht oder ihm etwas passiert? Am Ende ist die Firma eben doch unser Baby. Dass ich Papa helfe oder ihn irgendwie unterstütze, war klar. Aber es war völlig offen, in welchem Ausmaß und wie.

SPIEGEL: Was gab dann den Ausschlag, tatsächlich einzusteigen?

Jochen Peters: Das war dein Studium.

Charlotte Peters: Ich habe nach der Ausbildung noch zwei Jahre in der Bank gearbeitet, um Berufspraxis zu bekommen, dann habe ich spontan beschlossen, den Wirtschaftsfachwirt in Vollzeit zu machen bei der Industrie- und Handelskammer. Danach habe ich den Betriebswirt drangehängt. Gegen Ende des Studiums wollte ich anfangen, mich zu bewerben, habe das auch zu Hause angesprochen. Und dann kam: Bevor du eine Bewerbung schreibst, wie wäre es, wenn du hier im Geschäft anfängst?

Jochen Peters: Es war ein günstiger Zeitpunkt, es hat gepasst.

Charlotte Peters: Ich war hier noch ein halbes Jahr gemeinsam mit Papas damaliger »rechter Hand«, wir haben die Übergabe gemacht, dann ist der in Rente gegangen.

Jochen Peters: Das haben wir ausgenutzt und gesagt, wir verkürzen den Weg: Sie braucht keinen Job zu suchen – und wir keinen neuen Mitarbeiter.

SPIEGEL: Haben Sie sich auch verpflichtet gefühlt, oder war das bei Ihnen eine Herzensentscheidung?

Charlotte Peters: Na ja, mein Bruder ist Physiotherapeut, da war klar, der wird es nicht machen. Oma hat auch schon gedrängt: Wenn du mit dem Studium fertig bist, dann kannst du ja in die Firma kommen. Meine Cousine hat immer mal wieder gefragt. Und im Freundeskreis war das natürlich auch Thema, die kennen die Firma schon ewig. Wahrscheinlich haben die alle gedacht: Die merkt das auch noch irgendwann, dass das eigentlich ihr Ding ist.

SPIEGEL: Wie gestalten Sie jetzt den Übergang?

Jochen Peters: Es geht eher schleichend, so war es bei mir auch. Man ist parallel gelaufen, übernimmt immer mehr Verantwortung, die ältere Generation zieht sich immer mehr zurück. Das läuft nicht nach dem Motto: Ich bin jetzt 65, ich gehe jetzt in Rente, ab morgen kannst du alles machen.

Charlotte Peters: Dann würde ich auch sagen: Ich wandere aus.

Jochen Peters: Die junge Generation muss Freiraum haben, um sich zu verwirklichen und neue Wege zu gehen.

SPIEGEL: Ist es denn auch schwierig loszulassen?

Jochen Peters: Man muss in die Zukunft denken. Wenn Charlotte das mal übernehmen möchte, dann muss sie sich selber die Hörner abstoßen und Entscheidungen treffen. Da muss ich zurückstecken.

Charlotte Peters: Du gibst eher viel zu viel ab.

Jochen Peters: Nur den Papierkram … Aber ich frage meine Tochter auch um Rat: Wie würdest du etwas machen, was machen wir? Es ist ein Miteinander. Ich bin nicht der Monarch, der sagt, in die Richtung geht's! Wir müssen es zusammen schaffen, Entscheidungen müssen wir zusammen treffen.

Charlotte Peters: Wir diskutieren viel.

SPIEGEL: War das bei Ihrem Vater anders?

Jochen Peters: Mein Vater war noch der Monarch, der sagt, wir machen das jetzt so und so, kein Widerspruch! Da wurde nie nachgedacht oder diskutiert: Ist es wirklich der richtige Weg? Die Hierarchie war ganz eindeutig.

Charlotte Peters: Dadurch, dass Opa so ein Monarch war, habe ich es einfacher. Weil Papa ja genau weiß, was er nicht cool fand. Deswegen handhabt er das bei mir ein bisschen anders, glaube ich.

Jochen Peters: Ich möchte nicht die gleichen Fehler machen wie mein alter Herr. Das war doch teilweise ein sehr großer Kampf.

SPIEGEL: Sie sind aber bestimmt ja auch nicht immer gleicher Meinung?

Jochen Peters: Das ist auch richtig so. Durch den anderen sieht man ja auch eine andere Perspektive.

Charlotte Peters: Man kennt sich ja. Man weiß genau, welche Knöpfe man drücken muss, damit der andere sofort an die Decke geht. Ein paar Mitarbeiter gehen schon immer in Deckung, wenn sie wissen, dass wir uns gerade hier oben streiten.

Jochen Peters: Die meiden uns dann.

Charlotte Peters: Aber das bleibt nicht lang, meistens ist das nach einer halben Stunde verflogen. Dann gibt es schon wieder was anderes, worüber wir reden müssen.

SPIEGEL: Um weiter konkurrenzfähig zu sein, müssen Sie ja immer wieder Dinge ändern, Marketing, Vertriebswege, Präsentation. Wie schaffen Sie den Spagat zwischen Tradition und Zukunft?

Jochen Peters: Man muss sich anpassen, gar keine Frage. Als mein Vater in der Lehre war zum Eisenwarenhändler, gab es 156 Eisenwarenhändler in Hamburg, die ausgebildet haben. Heute sind wir der einzige.

Charlotte Peters: Ich glaube, Papa hat schon gesehen, dass Änderungen nötig waren, wollte sie aber nicht selber machen.

Meine ersten Aufgaben lauteten: Wir brauchen Facebook, und die Homepage muss neu, mach doch mal. Und dann kam: Wie wäre es denn mit YouTube und Instagram? Auch das Handwerk wandelt sich, wird digitaler, da müssen wir uns an unsere Kunden anpassen.

Jochen Peters: Einen eigenen Webshop haben wir noch nicht. Aber irgendwann werden wir das auch angehen.

Charlotte Peters: Wir wollen ja auch weiterhin Lüdemannn bleiben. Viele, die in den Onlinehandel eingestiegen sind, haben ihr Personal im Laden reduziert. Das wollen wir nicht, denn unsere Mitarbeiter gehören auch zur Firma. Viele Kunden kennen die Mitarbeiter seit Generationen. Und die Jungs unten kennen viele Baustellen unserer Handwerker, als würden sie selbst dort arbeiten, wissen genau, was gefragt ist. Die persönliche Beratung macht uns aus. Man muss halt gucken: Was modernisieren wir, und was darf auf gar keinen Fall verändert werden, damit wir nicht irgendwann nicht mehr Lüdemann sind. Die einzige Veränderung, die ich reingebracht habe und die Papa vielleicht ein bisschen wehgetan hat, war das neue Logo.

Jochen Peters: Gar nicht mal. Ich finde es gut, auch ein Zeichen nach außen zu geben, dass sich etwas verändert.

Charlotte Peters: Papa hatte zur 100-Jahr-Feier selbst ein Logo designt. Als ich eingestiegen bin, habe ich das umgestaltet.

SPIEGEL: Gab es mal eine Situation, in der die Firma wirklich in Gefahr war?

Jochen Peters: Im Zweiten Weltkrieg war der Hans Soldat und ist in Gefangenschaft geraten. Da wusste man lange nicht, ob er wiederkommt oder ob er den Laden weiterführt, wenn er wieder zurück ist. Meine Großmutter hat den Laden kommissarisch übernommen und einen Geschäftsführer eingesetzt. Aber als Hans wiederkam, hat er ihn wieder übernommen.

SPIEGEL: Frau Peters, hoffen Sie, dass Ihr Laden auch nach Ihnen in der Familie bleibt?

Charlotte Peters: Klar, das würde ich schon wollen. Es müssen ja nicht meine Kinder übernehmen, ich habe ja auch Cousins und Cousinen, und mein Bruder hat auch Kinder – irgendjemand wird das hoffentlich weitermachen.

Schnelles Wissen

Wie viele Frauen leiten Familienbetriebe?

Immer noch ziemlich wenige. Im Juni 2020 untersuchte die AllBright Stiftung, wie viel Führungsverantwortung Frauen in den größten 100 deutschen Familienunternehmen haben. Während in den Geschäftsführungen dieser Unternehmen heute insgesamt noch 43 Familienmitglieder arbeiten, sind darunter gerade einmal 3 Frauen: Anna Maria Braun beim Gesundheitskonzern B. Braun Melsungen, Nicola Leibinger-Kammüller beim Maschinenbauer Trumpf und Alice Schardt-Roßmann beim Drogerieunternehmen Rossmann. Nur zwei von ihnen, Braun und Leibinger-Kammüller, haben auch den Vorsitz der Geschäftsführung. Auch familienfremde Managerinnen sind in Familienunternehmen bis heute seltener tätig als in anderen Unternehmen, stellte die Stiftung fest: Nur 6,9 Prozent beträgt der Frauenanteil in der Geschäftsführung der 100 größten Familienunternehmen – bei den 30 Dax-Unternehmen liegt er immerhin bei 15 Prozent. Besonders gering ist der Anteil bei den Firmen, die noch komplett in Familienbesitz sind: Hier beträgt er nur 4,8 Prozent.

NICHT ZU VIEL VERTRAUEN. KONTROLLIEREN.

Der Clan hinter dem Modehaus C&A hält beharrlich an Familientraditionen fest – obwohl sie das Geschäft gefährden.

Von Simone Salden

Wer sich im Corona-Sommer 2020 in die Biografie von Clemens und August Brenninkmeijer vertieft, bleibt gleich an einem Satz zu Beginn hängen: »Die Lehrjahre von Clemens und August fallen in eine Zeit, in der das Reisen vor allem durch den Ausbruch der Cholera in Europa gefährlich ist.« Die beiden Brüder überlebten die Cholera-Pandemie in der Mitte des 19. Jahrhunderts und gründeten in den Folgejahren eine der erfolgreichen Handelsketten der Welt: das Modehaus C&A.

Der Familienclan überstand die Cholera und zwei Weltkriege. Jetzt kämpft er erneut mit einer heiklen Situation. Das Unternehmen mit den westfälischen Wurzeln betreibt weltweit mehr als 2000 Filialen von Paderborn bis Peking. Die Reisebeschränkungen und der wirtschaftliche Lockdown durch den Ausbruch des Coronavirus in vielen Teilen Asiens, den USA und Europa trifft das Geschäft hart. Denn die globale Textilbranche befindet sich seit Jahren in einem grundlegenden Wandel. Billigklamotten gibt es schon längst viel zu viel.

Und in der Pandemie wird noch deutlicher, was Insider schon seit Jahren diskutieren: Die weitverzweigten und auf gnadenlosen Profit getrimmten internationalen Lieferketten stoßen an ihre Grenzen. Für das Unternehmen fertigen mehr als 900 000 Menschen in der Produktion, in Europa hat es mehr als 35 000 eigene Mitarbeiter.

Das Virus trifft das Traditionshaus mit voller Wucht. Die Erlöse allein im Kernmarkt Deutschland haben sich seit 1991 von 4,3 auf 2,3 Milliarden Euro im Jahr 2018 fast halbiert. Dass C&A – wie viele andere Einzelhandelsfirmen – in der aktuellen Umsatzkrise seine Bestellungen in den Textilfabriken in Kambodscha, Myanmar und Bangladesch über Nacht stornierte und Hunderttausende Fabrikarbeiterinnen ohne Lohn dastanden, verbesserte das Image nicht. Die Corona-Pandemie sei »ein Ereignis höherer Gewalt«, heißt es in einem C&A-Schreiben an einen Zulieferer, das dem SPIEGEL vorliegt, weshalb man sich nicht an vertragliche Pflichten gebunden fühle.

Mit »höherer Gewalt« kennt sich die Dynastie bestens aus. Der Clan gilt als streng katholisch. Doch ähnlich wie die katholische Kirche ist auch das Reich der Familie Brenninkmeijer akut vom Zerfall bedroht. Die Sippe versteht sich auch im 21. Jahrhundert noch immer als konservative Wertegemeinschaft. Es gibt Mitglieder, die ihre eigene Familie mit einer Sekte vergleichen. Mit dieser Tradition haben es die Brenninkmeijers weit gebracht. Momentan wird die sechste Generation im Unternehmen angelernt. Die meisten Familienunternehmen trifft das »Buddenbrook-Syndrom«, wie Ökonomen es nennen: Die erste Generation baut auf, die zweite vermehrt den Reichtum, die dritte wirtschaftet alles herunter. Nur zehn Prozent schaffen es bis in die vierte Generation. Die Brenninkmeijers gehören zu den wenigen, die noch länger durchhalten.

Was aber über Jahrhunderte den Wohlstand der Familie förderte, scheint inzwischen das Business ernsthaft zu gefährden. Das stete Streben nach Konsens, familienintern Unitas genannt (lateinisch für »Einigkeit«), hat die große, weitverzweigte Sippe und den Konzern zusammengehalten. Doch die Regeln, die sich der Clan dafür einst gab und die zum Teil noch immer praktiziert werden, passen schon lange nicht mehr in eine Welt, in der selbst die Mitglieder des britischen Königshauses einen Social-Media-Account haben.

Die Granden der Brenninkmeijer-Familie gelten als verschroben und verschwiegen. Unitas-Regel Nummer sechs lautet: »Vertraue nicht zu viel, kontrolliere daher ständig.« Das bekamen in der Vergangenheit nicht nur die Mitarbeiter, sondern auch einige der rund 1800 Familienmitglieder zu spüren. Scheidungen waren tabu, selbst über die Wahl der Automarke oder den Erwerb einer Pilotenlizenz entschied im Klub der Millionäre mitunter der Familienrat.

Wie die Gründer von Aldi, die Albrecht-Brüder, scheuten die Brenninkmeijers von jeher das Licht der Öffentlichkeit. »Ein Trappistenorden könnte die Schweigepflicht nicht ernster nehmen als die Brenninkmeyers«, heißt es in dem SPIEGEL-Text »Stummer Gigant« aus dem Jahre 1969. Der Firmenpressestelle sei es sogar verboten, Journalisten auch nur die Zahl der Filialen zu nennen. Viel hat sich seitdem nicht daran geändert. Die Verschwiegenheit der Familie geht auf die Anfänge des Unternehmens zurück. Die Gründerväter Clemens und August begannen ihre Karrieren im 19. Jahrhundert als fliegende Tuchhändler. Die Tüötten (»Packenträger«), wie sich die Wanderhändler nannten, boten der Landbevölkerung schon seit dem

Dreißigjährigen Krieg (1618 bis 1648) feinstes Leinen aus ihrer westfälischen Heimat an.

Einst waren die Kaufleute monatelang zu Fuß unterwegs, schleppten ihre Warenpakete auf dem Rücken Hunderte Kilometer weit und kommunizierten untereinander in einer Geheimsprache. Sie bereisten halb Europa – von den Niederlanden bis nach Russland – zu einer Zeit, als die meisten Bauern ein Leben lang nicht viel mehr als ihre eigene Scholle zu sehen bekamen.

Die Bindungen zwischen den Tüöttenfamilien waren eng, der Glaube streng. Während die Frauen sich um Hof und Haushalt kümmerten, waren die Männer oft nur wenige Wochen im Jahr zu Hause. Die Heimat hielten die frühen und halten die heutigen Brenninkmeijers vielleicht auch deshalb so hoch, weil sie dort so selten sind.

Die Anfänge des Clans lassen sich in Mettingen verorten. In der kleinen Gemeinde im Tecklenburger Land in Nordrhein-Westfalen lassen die Brenninkmeijers noch heute ihre Kinder taufen und ihre Toten begraben. Manch eines der zahlreichen Gutshäuser, die der Familie gehören, stand dort schon, als Clemens am 25. März 1818 als neuntes Kind und dritter Sohn des Kaufmanns Johann Gerhard Brenninkmeijer und seiner Frau Anna Margaretha Angela Bisschoff das Licht der Welt erblickte.

Knapp zwei Jahre später, am 6. Dezember 1819, wurde sein Bruder August geboren. Die beiden traten früh in die Fußstapfen ihres Vaters, der mit seinem Bruder im niederländischen Sneek eine Handelsfirma gegründet hatte. Clemens Brenninkmeijer begann 1832 als 14-Jähriger in Sneek (Friesland) seine Lehre, August folgte ihm 1835 mit 16 Jahren. Am 1. Januar 1841 gründen die beiden dort ihre eigene Firma: »C&A Brenninkmeijer«. Nach dem Gründungsort des Unternehmens ist auch das bis heute wichtigste Gremium im C&A-Reich benannt: der »Sneekerkring«. Der Unternehmerkreis lenkt noch immer die wirtschaftlichen Geschicke des Konzerns und hat derzeit rund 50 Mitglieder.

Wer in die erlauchte Runde aufsteigen durfte, war von Beginn an streng reglementiert. Nur männliche Nachkommen hatten eine Chance, die in ununterbrochener Linie von den Firmengründern Clemens und August abstammten und deren Väter selbst im Unternehmen tätig gewesen waren. Diese Herren bekleideten die Spitzenpositionen im C&A-Reich. Sneekerkring-Mitglied war man zwar auf Lebenszeit, mit 55 Jahren aber musste man seine stimmberechtigten Unternehmensanteile am Familienimperium zurückgeben. So sollte der Kreis der Entscheider stets begrenzt und der Einfluss der nächsten Generation gesichert werden. Und bis dahin war man als Brenninkmeijer sowieso ein gemachter Mann. Lange galt auch Unitas-Regel Nummer neun: »Handelssache ist Männersache!« Für die Frauen war in der kinderreichen Dynastie die längste Zeit nur eine bedeutende Rolle vorgesehen: die der Mutter.

Mit einem Plus von 477,53 Gulden schlossen Clemens und August im Dezember 1841 das erste Geschäftsjahr ihres neu gegründeten Unternehmens ab. Das kleine Magazin am Oosterdijk in Sneek florierte, bald fanden in dem Lager voller Stoffballen an Markttagen auch Beratung und Direktverkauf statt. Das erste täglich geöffnete C&A-Geschäft machte am 14. August 1860 unweit des Gründungshauses auf. Die ersten Filialen ließen nicht lange auf sich warten.

Die Söhne der beiden Gründer mehrten den Erfolg des Unternehmens in den nächsten Jahrzehnten und erkannten früh die Zeichen der Zeit. Die Industrialisierung veränderte die Produktion von Kleidung radikal. Der Historiker Mark Spoerer, Professor für Wirtschafts- und Sozialgeschichte an der Universität Regensburg, schreibt über den Brenninkmeijer-Konzern: »Die Geschichte von C&A steht paradigmatisch für die Ökonomisierung und Rationalisierung der Herstellung und des Verkaufs von Kleidung seit Ende des 19. Jahrhunderts.«

Bis dahin war Kleidung ein kostbares Gut, von dem sich nur die Reichsten mehrere Stücke leisten konnten. Jedes Kleid, jedes Hemd war teure Maßarbeit. Der Strukturwandel im Textilsektor Ende des 19. Jahrhunderts war eine Revolution – so wie die ersten Damenmäntel »von der Stange«, die »C&A Brenninkmeijer« anbietet.

Damals war das kein Schimpfwort, sondern eine Verheißung. Das Kalkül der Konfektionsware: geringe Marge, aber große Mengen zu festen Preisen. Die Leitlinie der Brenninkmeijers lautete: »Sollen die anderen ruhig die Kunden bedienen, die mit dem Wagen vorfahren. Wir werden die große Masse einkleiden, die zu Fuß oder mit der Straßenbahn kommt.«

Mit dem Boom der Kaufhäuser Anfang des neuen Jahrtausends begann der Höhenflug von C&A. 1910 kehrte die dritte Generation der in den Niederlanden sesshaften Nachfahren von Clemens und August nach Deutschland zurück: Unweit des Alexanderplatzes eröffneten sie ein neues Stammhaus in der Metropole Berlin. 100 Jahre später ist der Konzern auf drei Kontinenten vertreten, mit Geschäften in 19 europäischen Ländern und europaweit mehr als 1400 Filialen. Allein in Deutschland zählt die Firma 482 Filialen. Und die C&A-Pressestelle darf über diesen Erfolg sogar im Detail berichten.

Die Brenninkmeijers erwiesen sich als tüchtige Geschäftsleute, die sich den Zeitläuften anzupassen wussten. Im Ersten Weltkrieg druckte das Unternehmen Feldpostkarten mit C&A-Motiv und suchte per Preisausschreiben deutsche Wörter für

Ansturm: Gedränge wie heute bei der Eröffnung eines Apple-Stores herrschte 1957 vor der neuen C&A-Filiale in Stuttgart.

dem Englischen oder Französischen entlehnte und im Nationalismustaumel verpönte Modewörter wie »Frotté« und »Konfektion«.

1917 unterstützte man das Frauenwahlrecht – zumindest bei der Kleiderwahl, so scherzte die Werbung. In der Nazizeit fügte man in Zeitungsannoncen dem auf die Initialen der Gründerväter verkürzten Firmennamen »C&A« noch einen »Rein arisch!«-Stempel hinzu. Der von katholischen Niederländern geführte Großbetrieb widersprach zwar in seiner Grundstruktur der NS-Ideologie, »offenbar waren allerdings die geschäftlichen Chancen, die vor allem die Arisierung bot, stärker als die ethnischen Prinzipien«, resümiert Historiker Spoerer. Das

Unternehmen profitierte »vom wirtschaftlichen Aufschwung und bald auch von der Verdrängung der Juden aus dem deutschen Wirtschaftsleben«.

Durch Spenden an Reichsmarschall Hermann Göring und die NSDAP hatte man sich schon vor Kriegsausbruch einen mächtigen Mann des »Dritten Reichs« gewogen gemacht, »der fortan bei mehreren Gelegenheiten als Protektor für C&A einsprang«. So konnte C&A 1941 Aufträge an das jüdische Getto in Lodz vergeben und in Berlin von Herbst 1942 an in der Produktion mindestens 60 Zwangsarbeiterinnen beschäftigen.

In der Nachkriegszeit fasste das Unternehmen schnell wieder Fuß und führte seinen Expansionskurs unbeirrt fort. In den Fünfzigerjahren übernahm der Konzern in den Niederlanden und Deutschland die Marktführerschaft im Textileinzelhandel. Verblüffend bleibt in der Rückschau, dass das so traditionsbewusste Unternehmen bei Mode und Außenwerbung stets auf Zeitgeist setzte. Von der Caprihose bis zur Leopardenleggins gibt es kaum einen modischen Trend, den C&A seinen Kundinnen verweigerte. Nur in der Unternehmens- und Familienstruktur kam man über die Cordhose nicht hinaus. Während sich die Deutschen und ihre Kleiderschränke demokratisierten, wurden die Spitzenposten im Unternehmen weiterhin mit Sprösslingen der Sneekerkring-Mitglieder besetzt. Wer als »Externer« bei C&A Karriere machen wollte, musste ein Mann sein, Katholik und sich quasi mit Leib und Seele den Gepflogenheiten des Brenninkmeijer-Ordens verschreiben. Der Managernachwuchs lebte während der Ausbildungszeit gemeinsam mit den Brenninkmeijer-Erben in einem firmeneigenen »Haushalt«. Damenbesuch und Heirat waren für die handverlesenen Trainees während ihrer »Grundausbildung« bei den Brenninkmeijers noch bis in die Achtzigerjahre hinein tabu.

HEUTE

C & A Mode GmbH & Co. KG

Eigentümer
Familie Brenninkmeijer

Umsatz (2018)
2,3 Mrd. Euro (Deutschland)

Gewinn nach Steuern (2018)
43,9 Mio. Euro (Deutschland)

Mitarbeiter
etwa 60 000 (weltweit)

Geschäftsfelder
Bekleidung, Immobilien, Investments

Inzwischen hat sich das Unternehmen auch für Karrierefrauen und andere gesellschaftliche Innovationen geöffnet. Seit Mitte der Neunzigerjahre dürfen auch Frauen Gesellschafter werden – in der Theorie. In der Praxis erkämpfte sich erst im Jahr 2015 Johanna Brenninkmeijer, damals 32, einen Sitz im Sneekerkring.

Doch bis heute hinkt der Stil der Firma dem modischen Angebot hinterher. Konkurrenten wie der schwedische Mitspieler H&M oder das spanische Zara-Mutterhaus Inditex haben den Brenninkmeijers längst die junge Kundschaft abgejagt. Die fortschreitende Digitalisierung hat die Familie jahrelang ignoriert. Die schwache Onlineperformance schlägt in der gegenwärtigen Krise doppelt zu Buche. Es ist, als würde sich die Weigerung, mit der Zeit zu gehen, die lange den Erfolg des Unternehmens garantierte, nun in ihr Gegenteil verkehren. Die Beratungsresistenz der Brenninkmeijers in Unternehmensfragen ist in der Branche legendär. Externe Spitzenmanager, die den Tanker auf Kurs bringen sollten, gingen schnell wieder von Bord. Nun sitzt erneut einer aus der Familie am Ruder. Und Edward Brenninkmeijer kehrt gegenüber Lieferanten und Mitarbeitern alte Familientugenden hervor. Unter den aktuellen Umständen sei seine Strategie stets, so schrieb er in einer Mail im Mai 2020, »für das Beste zu hoffen und zu beten«.

Der Sneekerkring, der die Geschicke der Holding-Gesellschaften in der Schweiz, in Liechtenstein und Luxemburg steuert und damit über den Goldtopf wacht, scheint längst das Gespür dafür verloren zu haben, wie die Kundschaft und der Rest der Sippe tickt. Viel zu lange wurden Konflikte totgeschwiegen und mit Geld zugedeckt.

Einer der Familienerben, Alexander Brenninkmeijer, Jahrgang 1968, kämpfte zehn Jahre lang dafür, dass innerfamiliäre Streitigkeiten in Zukunft nicht mehr »von oben« entschieden werden. Und er erfuhr bitter, was jeder riskiert, der in dieser Familie vom vorgezeichneten Weg abweicht. Seine Karriere bei C&A schien ein Selbstläufer: Er stammt aus der richtigen Verwandtschaftslinie, schon sein Vater war eine Respektsperson im Sneekerkring. Alexander absolvierte die traditionelle Ausbildung im eigenen Laden, gründete eine Familie.

Doch dann wollte er sich mit seinem eigenen Modelabel selbstständig machen, das er in Reminiszenz an die Gründungsväter »Clemens en August« nannte. Auch wenn er dafür ganz offiziell den Segen des Sneekerkrings eingeholt hatte, entbrannte ein erbitterter Rechtsstreit um die Markenrechte – der Alexander Brenninkmeijer familienintern über viele Jahre zur Persona non grata machte.

Inzwischen hat er dem Sneekerkring ein familieninternes Schiedsgericht abgerungen: das Brenninkmeijer-Panel. Es ist nicht weniger als der Versuch, für mehr Gerechtigkeit zu sorgen und damit die Gesetze der Familie neu zu schreiben. Ob ihm das gelungen ist oder nicht, lässt sich noch nicht abschließend beurteilen. Bei den Brenninkmeijers denkt man wie in vielen Familiendynastien nicht in Jahren, sondern in Generationen. Vielleicht werden erst Alexanders Nachfahren von seinem Mut profitieren. Es wäre ihnen jedenfalls zu wünschen.

Schnelles Wissen

Wie alt werden Familienunternehmen?

Von den deutschen Familienunternehmen mit mindestens 50 Millionen Euro Jahresumsatz gehörte 2012 weit mehr als die Hälfte Mitgliedern mindestens der zweiten oder dritten Generation. Die 500 größten deutschen Familienunternehmen sind im Durchschnitt 101 Jahre alt. Die Hälfte von ihnen wurde vor dem Jahr 1926 gegründet, 25 Unternehmen sogar vor 1800.

JESUS UND DER PROFESSOR

Manche Unternehmerfamilien meiden die Öffentlichkeit, andere inszenieren sorgsam jeden Schritt. Der Schraubenmilliardär Reinhold Würth beauftragte den Hippie-Schriftsteller Helge Timmerberg mit einer Biografie.

Von Volker Weidermann

Wirklich ein ideales Paar: der Kiffer und der Milliardär, der Yogi und der Patriarch, der Traumsucher und der Traumfinder. Einer der reichsten deutschen Industriellen hat einen der freiesten deutschen Schriftsteller und Reisejournalisten als Biografen beauftragt. Reinhold Würth, 85, der eine deutsche Erfolgsgeschichte gelebt hat, wollte, dass Helge Timmerberg, 68, der die Welt seit vielen Jahren als Ort unglaublicher Abenteuer beschreibt, sein Leben erzählt. Und Timmerberg hat zugesagt.

Timmerberg hat Würths Schlösser besucht, ist mit ihm zu seiner riesigen Jacht nach Kanada geflogen, war mit ihm auf seinem Anwesen in Faro in Portugal, saß ihm im Privatjet gegenüber und hat sich dabei dessen Leben erzählen lassen. Die Schriftstellerin Sibylle Berg hat einmal über Helge Timmerberg geschrieben: »Helge hatte lange Haare, er rauchte Rauschgift, er fuhr in Jogginganzügen in der Welt herum, er nuschelte, war unzuverlässig, doch alle liebten ihn, weil er die schönsten Artikel schrieb, die jemals in einer Zeitung gestanden hatten.«

Würth hat wohl gemerkt, dass Timmerberg der Richtige ist, ein journalistischer Literat, dem Kritik fremd ist, der auf Reisen um die Welt Geisterseher, Traumverkäufer, Seelenwanderer aller Art getroffen hat. Würth sagt über Timmerberg: »Das ist ja ein recht vernünftiger, bodenständiger Mann.« Das hat über den ewigen Hippie Timmerberg noch keiner gesagt. Aus dem Mund des schwäbischen Unternehmers ist es ein Kompliment.

Der Weg zum Herzen des Schrauben-Weltunternehmens in Künzelsau, nicht weit von Heilbronn und Schwäbisch Hall, führt vorbei an zahlreichen Würth-Hallen und Würth-Gebäuden. Beim Treffen trägt Reinhold Würth ein Sakko, gestreiftes Hemd, blau-rote Krawatte mit passendem Einstecktuch. Er kommt allein und leicht gebeugt den leeren, hellen Vorplatz zur Zentrale gelaufen. Timmerberg hat in seinem Buch die »freundliche Zerbrechlichkeit« des Unternehmers beschrieben. Wenn man Würth jetzt sieht, weiß man sofort, was Timmerberg damit meint. Die hellen Augen, das weiße Haar, der weiche Dialekt, die ruhige Stimme.

Sein Büro ist verglast, mit Blick in das Hohenloher Land. An einem großen, runden Tisch erzählt Reinhold Würth, wie das war, als er Timmerberg zum ersten Mal traf. Der kam 2018 als Reporter für das Wirtschaftsmagazin »Bilanz« – etwas zerrupft von einer langen Lesereise, lange Haare, kaputte Turnschuhe –, und er tat nicht groß so, als wäre er gut vorbereitet.

Nein, der Name Würth habe Timmerberg nichts gesagt, er habe sich das Wichtigste kurz ergoogelt. Immerhin, dass Würth sehr reich sei, habe er so erfahren, und dass er der Neuapostolischen Kirche angehöre. Also, warum nicht fragen, was er von dem Gleichnis Jesu halte, wonach eher ein Kamel durch ein Nadelöhr gelange als ein Reicher ins Himmelreich. Und als Würth dann entgegnete, ach, das habe Jesus vielleicht gar nicht so gemeint, war erstens Timmerberg beeindruckt von der milliardärskompatiblen Umdeutung der Bibel und zweitens Würth beeindruckt von der Ehrlichkeit des Autors.

Dann erschien der Text, Würth gefiel er. Sicher, er kam auch sehr gut weg darin. »Ich muss sagen, das war so flüssig und elegant geschrieben, dass ich dachte: Das ist mal ein netter Mensch«, sagt Würth in Künzelsau. Ein netter Mensch. So einer kann doch eigentlich sein Leben aufschreiben. Der Patriarch alter Schule nahm Kontakt mit Timmerberg auf, sie trafen sich. Er hat Timmerberg vertraut und ihn bezahlt, hat ihm einen Aluminiumkoffer mit seinen Tagebüchern übergeben und ihm immer wieder gesagt, dass das Buch vor allem ehrlich werden solle. Keine Lobhudelei. Gerade deshalb ist es natürlich auch schlaue PR für ihn und seine Firma.

Timmerberg beschreibt das Würth-Dilemma in seinem Buch so: »Geld ist Macht. Und so viel Geld wie seines ist eine Supermacht. Entweder Sie unterwerfen sich, oder Sie rebellieren. Entweder Sie lobpreisen, oder Sie kritisieren. Entweder Verehrung oder Neid. Das eine langweilt ihn, das andere versteht er nicht.«

Reinhold Würths Familie steht im aktuellen »Forbes«-Ranking der reichsten Menschen der Welt mit einem Vermögen von 13,1 Milliarden Euro auf Platz 108. Sein Vater gründete im Juli 1945 einen Schraubenhandel. Weil der Vater ahnte, dass er aufgrund eines Herzfehlers nicht lange leben würde, nahm er den Sohn früh von der Schule. Er starb, als Reinhold 19 Jahre alt war. Da hatte die Schraubenhandlung zwei Mitarbeiter, heute sind es 78 668 in mehr als 80 Ländern, und Würth ist Weltmarktführer in Befestigungsmaterial aller Art. In seinem Büro steht ein großer Bildschirm am Fenster mit Ländern, Umsätzen,

Entflammt: Als Adolf Würth (l.) 1954 starb, übernahm sein 19-jähriger Sohn Reinhold (r.) die Schraubenhandlung.

Pfeilen. »Das ist der Onlineshop und unsere Kunden-App«, sagt Würth. »Das wird alle paar Minuten upgedated. Ich sehe immer genau, wie viele Besucher sich jetzt im Shop befinden und wie viele Aufträge reinkommen. Von Japan bis Indien und überall hab ich das immer im Blick.«

Helge Timmerberg hat sich beim Schreiben seines Buchs von dem Respekt vor diesem Mann, der ihn bezahlte, nicht frei machen können. Ehrlich, wie er ist, thematisierte er das Würth gegenüber. Der sagte einfach, er solle den Respekt halt ablegen. Und wenn er was Schlechtes über ihn hören wolle, solle er einfach seine Frau fragen.

Nicht einmal das machte Timmerberg. Nicht nur aus Respekt, sondern auch weil er immer schon in seinen Texten und in seinem Leben auf der Suche nach dem Guten in den Menschen war. Er sieht einfach keinen Grund dafür, nur weil einer Milliardär ist, nach Abgründen zu suchen. Was praktisch ist für Unternehmer, die Kritik nicht so schätzen. Dem Buch hätte ein kleiner Abgrund nicht geschadet. So ähnelt das Buch mitunter einer von Timmerbergs Heiligenlegenden.

Würth ist sein neuer Yogi. Von der Schuld in einer Steueraffäre, bei der Würth schuldig gesprochen wurde, spricht er ihn, entgegen allen Fakten, frei: »Würth ging es zu gut für Steuerbetrug, und er war auch nicht gierig.« Immerhin, manchmal versteckt Timmerberg seine kritische Verwunderung in feinem Spott. In Indien, zum Beispiel: »Wieder lief der Konzernherr mit Blumengirlanden herum und fand sie ganz schön schwer. Erleichternd dann die Zahlen. Der Umsatz von Würth Mumbai sei in den letzten Jahren steil aufwärtsgegangen.« Schwere Blümchen, leichte Millionen. Zwischendurch ein bisschen Kunst.

Über das Buch sprechen kann man mit Würth leider nicht. Denn obwohl es schon vor zwei Monaten erschienen ist, hat er es noch nicht gelesen. Einige Kapitel hatte ihm Timmerberg vorher geschickt, da korrigierte er ein paar Zahlen. Er kennt es ja, sein Leben. Darin ging es immer nur bergauf. Dabei hat dieses Leben natürlich etwas Getriebenes. Immer noch ein Haus mehr, ein Flugzeug mehr. »Wachstum ohne Gewinn ist tödlich«, das ist eine Grundregel seines Lebens.

Aus dem operativen Geschäft hat Würth sich lange schon zurückgezogen, als Vorsitzender des Stiftungsaufsichtsrates hat er aber in wichtigen Entscheidungen immer noch das letzte Wort. Als die Coronakrise ausbrach, war er auf seiner Jacht in der Karibik. Im Sommer geht es in die Adria. Aber vorher wird erst mal das neue Museum eröffnet. Das insgesamt 13. Würth-Museum, das zweite in Künzelsau. Der neue Bau des Architekten David Chipperfield hat fast 40 Millionen Euro gekostet, das Museum heißt einfach »Museum Würth 2«. Die klaren Linien des modernen Baus zerschneiden sanft die Landschaft.

»Meine Manager haben gesagt: ›Niemand braucht das Ding, so weit auf dem Land.‹« Aber er brauchte es eben. Die Sammlung Würth ist mit 18 500 Exponaten eine der größten privaten Kunstsammlungen Deutschlands. Im ersten Museum unten in der Konzernzentrale war viel zu wenig Platz. »Da kamen die Leute und fragten: Wo sind jetzt die Picassos?«, sagt Würth, und seien enttäuscht gewesen.

Helge Timmerberg schreibt am Ende seines Buchs über den Herrn der Schrauben: »Er sehnt sich nach heilen Welten. Und darum schafft er sie.« Heile Welten – so was klingt nach billigem Reklametext. Aber sie werden ja nicht heil, nicht mit Milliarden, nicht mit Worten. Nur die Sehnsucht nach diesen heilen Welten wird größer, mit jedem neuen Bild, jedem neuen Schloss. In einem seiner früheren Bücher hatte Helge Timmerberg das so geschrieben: »Ich selbst habe es nie zu wirklichem Reichtum gebracht. Aber ich weiß es von Freunden. Die Freiheit der Millionäre ist brutal. Und die Freiheit der Milliardäre ist tausendmal brutaler. Wer sich alle Träume kaufen kann, hat bald keine mehr.«

Also auf zum Träumer, auf zum Biografen, auf nach St. Gallen. Helge Timmerberg steckte während der Corona-Wochen in seiner Mietwohnung in Wien fest. Grenzen dicht, für einen Mann, der sein Leben auf der Flucht verbracht hat, ein echter Albtraum. Unterwegs ist sein Zuhause. Er ist für ein Buch schon in 80 Tagen um die Welt gefahren, hat jahrelang in Marrakesch gelebt und auf Kuba. Als er in Wien festsaß, wollte er unbedingt hierher, nach St. Gallen. Das Haus heißt Rosemont, steht am Hang. Ein spitzgiebeliges, altes, schönes Haus mit Türmchen und einem großen Garten rundherum. Timmerberg hat hier eine kleine Mietwohnung unten im Haus.

Ein großer Mann, faltiges Gesicht, weißes Hemd, schwarze Weste. Es gibt Nescafé, Timmerberg trinkt ganz unironisch aus einer Würth-Tasse, darauf das Gesicht des Unternehmers und dessen Mantra: »Wachstum ohne Gewinn ist tödlich.« Timmerberg ist ein Mann, der keinen Neid zu kennen scheint, Häme, Missgunst, Zynismus, nichts davon kommt in seinen Texten vor. Er spricht voller Wärme von dem Mann, den er immer den »Professor« nennt. »Klar«, sagt er, »ist der Reichtum auf der Welt ungerecht verteilt.« Wenn er als Außerirdischer hier auf die Erde käme, würde er sich fragen: »Hä? Was ist denn das für ein Planet?« Aber der Professor »hat sich das alles selbst erarbeitet«, glaubt er.

Etwas von dem Geld hat auch Helge Timmerberg bekommen. Würth hat ihn bezahlt, der Piper Verlag, in dem das Buch erschienen ist, auch. Klar, dass das kein kritisches Buch werden konnte. Aber auch in Gelddingen wirkt Timmerberg wie das Yang zu Professor Yin aus Künzelsau. »Hier rein, da raus«, er deutet pantomimisch den Fluss des Geldes durch sich selbst an. Es bleibt einfach nicht bei ihm, das Geld, egal wie viel es ist.

Bevor er die Würth-Biografie zu schreiben begann, hatte er sich eine Reise in Würths größtem Flugzeug gewünscht, in dem er den Milliardär interviewen wollte. Würth ermöglichte ihm das, sie flogen los in Richtung Portugal, und Timmerberg schlief in der Sekunde der Wunscherfüllung ein und wachte den ganzen Flug lang nicht auf.

Später am Abend holt Timmerberg eine Schachtel mit kleinen braunen Glasfläschchen hervor, zugekorkt und rot versiegelt.

HEUTE

Die Würth Group produziert und verkauft weltweit vor allem Befestigungs- und Montagetechnik. Aber auch Werkzeuge, elektronische Bauteile und sogar eine Eventagentur sind Geschäftsfelder, in denen die mehr als 400 Gesellschaften des Konzerns tätig sind.

Die Würth Gruppe ist seit 1987 Eigentum von fünf Familienstiftungen. Reinhold Würth ist Vorsitzender des Stiftungsaufsichtsrats. Seine Tochter Bettina ist Beiratsvorsitzende der Würth-Gruppe, auch mehrere Enkel von Reinhold sind im Unternehmen tätig, das 2019 einen Umsatz von 14,3 Milliarden Euro machte.

2008 akzeptierte Würth wegen Steuerhinterziehung einen Strafbefehl und zahlte eine Geldstrafe von bis zu 3,5 Millionen Euro, auch gegen zwei weitere Verantwortliche des Unternehmens wurden Geldstrafen verhängt.

Darin sind Geister, von Timmerberg erfunden. »Efac« heißt der eine, ein »Geist gegen das vorschnelle Wort«, »Sumsini Mef«, ein Geist gegen den bösen Geist. Alle sind mit Beipackzetteln versehen, darauf die Lebensgeschichte und die Anwendungsgebiete der Geister: »Alle guten Geister sind Naturgeister, alle bösen sind die Geister menschlicher Seelen, die sich weigern, das Zwischenreich zu verlassen. Wir verkaufen nur die guten.«

In Wien hatte Timmerberg in einer Apotheke seine ersten Geisterfläschchen schon verkauft, »Homöopathie – ein Schritt weiter«, warb die Apotheke. Mit schönem Erfolg, woraufhin ein Freund Timmerbergs gleich 9000 neue Fläschchen aus China kommen ließ, um das Geschäft etwas auszuweiten. Doch dann verbot die Polizei den Verkauf. Sie glaubte irgendwie nicht daran. Jetzt stehen 9000 Glasfläschchen in einer Wohnung in Wien. Ohne Geister. Unverkäuflich. Das wäre Reinhold Würth wohl nicht passiert.

DIE BEKANNTESTEN FAMILIEN-FIRMEN IM SUPERMARKTREGAL

Kaum etwas kommt uns näher als das, was wir essen. Kaum verwunderlich also, dass sich Familienmarken im kulinarischen Kontext auch besonders tief in die Gehirnwindungen eingefressen haben.

Dr.-Oetker-Pudding

Oft eines der ersten Gerichte, die Kinder »kochen« lernen. Allerdings nicht das erste Produkt von Dr. Oetker, der als Apotheker in Bielefeld (seit 1891) zunächst Backpulver verkaufte. 1894 kam der Pudding, in Vanille und Schoko.

Dallmayr-Kaffee

Die Musik aus der Werbung war ein elender Ohrwurm, den man im Stammhaus in der Münchner Dienerstraße sofort im Kopf hat. Gegründet wurde die Firma, die längst überregional vertreibt, um 1700, um 1870 übernahm Alois Dallmayr, seit 1895 gehört sie der Familie Randlkofer.

Warsteiner Bier

Eher keines der coolen Biere, dafür zuverlässig: Seit 1753 braut Familie Cramer im Sauerland, Chefin ist heute Catharina Cramer.

Niederegger-Marzipan

Dass Lübeck für eine Spezialität aus Mandeln berühmt ist, liegt an Johann Georg Niederegger, der 1806 eine Konditorei übernahm und das norddeutsche Wetter mit sizilianischen Rohstoffen versüßte.

Lambertz-Printen
Kommen aus Aachen, schmecken nach Weihnachten, sogar im Sommer. Seit 1860 backt die Familie Lambertz die spezielle Lebkuchensorte, zunächst im »Haus zur Sonne« am Markt 7. Inzwischen in zahlreichen Fabriken.

Haribo-Weingummi
Einfallsreich war der Firmenname nicht, dafür gut zu merken: Der Bonbonkocher Hans Riegel gründete 1920 in Bonn seine Firma, abgekürzt HA(ns)RI(egel)BO(nn). Schon 1922 erfand er den Gummibären, den er zunächst als »Tanzbären« vermarktete.

Bahlsen-Kekse
Die Tochter des Hauses sorgte kürzlich mit merkwürdigen Ansichten über Zwangsarbeit für Aufsehen. Berühmt wurde die 1889 gegründete Firma aus Hannover aber 1892 vor allem mit dem Butterkeks, benannt nach dem Wissenschaftler Gottfried Wilhelm Leibniz.

Kühne-Essig
Wer es lieber sauer mag, kommt bei Familie Kühne seit 1761 auf seine Kosten: Saure Gurken, Sauerkraut und Essig gehören neben Senf zu den Kernprodukten der Firma, die heute in Hamburg sitzt.

Ritter-Sport-Schokolade
Familie Ritter macht seit 1912 in Süßkram, die quadratische Tafelschokolade kam 1932 auf den Markt – sie sollte in die Tasche eines Sportjacketts passen.

Jägermeister
Wohl kaum ein Junggesellenabschied kommt ohne den Partyfusel aus, seit 1935 ist der Kräuterlikör auf dem Markt. Mit Essig und Wein hatte Familie Mast 1878 im niedersächsischen Wolfenbüttel angefangen.

DEUTSCHE WIRTSCHAFTSDYNASTIEN IM PORTRÄT

DIE HANIELS – DIE ALLESMACHER

Gründer und Weichensteller

Der Weinhändler Jacob Wilhelm Haniel (1734 bis 1782) erbte durch Heirat ein 1756 gegründetes Handelskontor in Ruhrort. Erst seine Witwe Aletta Haniel (1742 bis 1815), die »Mutter des Ruhrgebiets«, begründete das Montanunternehmen, indem sie ihren Handel auf Metall und Kohle verlegte. Ihr Sohn Franz Haniel (1779 bis 1868) kaufte 1808 ein Hüttenwerk, dem nach und nach weitere folgten – hinzu kamen Bergwerke. 1834 stießen Haniels Bergleute erstmals zur tief liegenden, kokstauglichen Fettkohle vor – es war die Geburtsstunde des »Kohlenpotts«. Hugo Haniel (1810 bis 1893) machte die Gutehoffnungshütte zur Aktiengesellschaft und setzte eine Geschäftsführung ein. Mitten im Ersten Weltkrieg vollzog Franz Haniel junior (1842 bis 1916) diesen Schritt auch mit der Gründung der Haniel & Cie. GmbH – die Familie fand ihren Platz in Beirat und Aufsichtsrat des Familienunternehmens. Letzterer ist heute zu 50 Prozent mit Arbeitnehmervertretern besetzt.

Entwicklung

Aus dem Kontor- und Speditionsgeschäft wurde zunächst ein Montan-, dann ein breit aufgestellter Mischkonzern. Er wird von zwei Vorständen geleitet, die vom Aufsichtsrat bestellt werden. Nur Familienmitglieder können Anteilseigner sein.

Besonderheiten

Haniel pflegt eine ethisch begründete Corporate Identity: Die auf Nachhaltigkeit zielende Firmenphilosophie beschreibt das Unternehmen mit dem Wort »enkelfähig«. In Reichenrankings taucht Haniel nur unter der Rubrik Dynastien auf (zuletzt Platz fünf im »manager magazin«-Ranking Deutschland), weil sich das Gesamtvermögen auf rund 690 Köpfe verteilt. Mehrere Zweige der Familie gehören seit Ende des 19. Jahrhunderts zum europäischen Adel.

Dunkle Flecken

Als größter Firmenskandal gilt der Verkauf minderwertiger Bausteine (»Bröselstein-Skandal«, 1987 bis 1996).

Firma: Franz Haniel & Cie.
Gründung: 1756 (als GmbH 1917)
Mitarbeiter: 19 302
Umsatz (2019): 4533 Mio. Euro
Gewinn nach Steuern: 130 Mio. Euro
Stammsitz: Duisburg
Charakter: Investment-Holding mit Beteiligungen an mehr als 200 Einzelfirmen

Geschäftsfelder: Handel, Textilien, Recycling, Umwelttechnik u. a.

Historische Geschäftsfelder: u. a. Wein, Salz, Kolonialwaren, Kohle, Eisen und Stahl (GHH), Werften, Reederei, Maschinenbau (MAN), Erdöl, Tankstellen, Pharmahandel, Transport und Logistik, Elektronik- und Großhandel (Metro)

Künftiger Kurs: Die neue Leitidee der Haniel-Investments heißt »People, Planet, Progress« und orientiert sich an den »Sustainable Development Goals der Vereinten Nationen und weltweiten Megatrends«.

DIE WERHAHNS – DIE »NEUSSER MÖNCHE«

Gründer und Weichensteller

Der gelernte Landwirt Peter Wilhelm Werhahn (1802 bis 1871) vom Gutssitz Dyckhof in Büderich (heute ein Stadtteil von Meerbusch) handelte zunächst mit Kohl, Hafer, Roggen und Buchweizen sowie Feldsteinen aus Basalt. 1841 zog er nach Neuss, in die Heimatstadt seiner Ehefrau Magdalena Kallen, und eröffnete dort eine Holzhandlung. Damit legte er den Grundstein für das bis heute existierende Unternehmen. Nach dem Tod des Firmengründers führten drei seiner Söhne, Peter, Wilhelm und Franz, das Unternehmen als offene Handelsgesellschaft weiter. Die zweite Unternehmergeneration expandierte ins Ausland und engagierte sich zusätzlich auf dem Immobilienmarkt; 1894 folgte der Einstieg in die Braunkohleförderung – lange einer der wichtigsten Geschäftszweige. 1977 öffnete sich Werhahn durch die Umwandlung in eine Kommanditgesellschaft auch für familienfremde Vorstandsmitglieder. Seit 2019 sind gar keine Familienmitglieder mehr im Vorstand vertreten.

Entwicklung

Der Familienclan gliedert sich in drei verschiedene Stämme mit oft unterschiedlichen Positionen zu Unternehmensfragen. Die Stämme gehen auf die Söhne von Wilhelm Werhahn zurück: Peter, Wilhelm und Franz.

Besonderheiten

Wegen ihres katholischen Glaubens und ihrer traditionellen Verschwiegenheit wurden die Werhahns als »Heilige Familie« oder die »Neusser Mönche« bezeichnet. Die jüngste Tochter von Bundeskanzler Konrad Adenauer, Libet Adenauer, heiratete 1950 den Werhahn-Spross Hermann Josef, was dem Unternehmer-Clan politischen Einfluss bis in die Sechzigerjahre bescherte.

Dunkle Flecken

1988 kam es zur offenen Rebellion des Familienstammes A gegen den Manager Heribert Werhahn von Stamm C. Erstmals in der Firmengeschichte übernahm ein Familienfremder, Heyo Schmiedeknecht, den Chefposten.

Firma Wilh. Werhahn KG
Gründung 1841
Mitarbeiter rund 10 000
Umsatz (2018) 3,5 Mrd. Euro
Gewinn nach Steuern: keine Angaben
Stammsitz Neuss
Charakter Mischkonzern in Familienhand

Besitzverhältnisse: Die Nachkommen des Firmengründers Wilhelm Werhahn (derzeit rund 420 Familienmitglieder) sind die alleinigen Eigentümer der Unternehmensgruppe.

Geschäftsfelder: Konsumgüter, Baustoffe, Finanzdienstleistungen

Historische Geschäftsfelder: Holzhandel, landwirtschaftliche Produkte, Basalt-, Tuff- und Ziegelsteine, Guanodünger und Zement

Künftiger Kurs: Der Konzern will alle drei Sparten vorantreiben. Wichtig ist in der Konsumgütersparte vor allem die Messermarke Zwilling, die global vertrieben wird.

DIE HAUBS – DIE SICH-NEU-ERFINDER

Gründer und Weichensteller

Der Kaufmann Wilhelm Schmitz (1831 bis 1887) erweiterte seinen Namen um den seiner Frau und gründete 1867 das Unternehmen »Wilh. Schmitz-Scholl« als Kolonialwaren-Großhandel sowie zum Import von Kaffee und Tee. Nach dessen Tod führte sein Sohn Karl Schmitz-Scholl (1868 bis 1933) mit seinem Bruder Wilhelm das Geschäft und ließ 1893 die Firma »Hamburger Kaffee-Import-Geschäft Emil Tengelmann« mit dem Namen ihres Prokuristen eintragen. Von Karl erbten seine Tochter Elisabeth Haub und sein Sohn Karl Schmitz-Scholl junior (1896 bis 1969) das Unternehmen zu gleichen Teilen. 1953 eröffnete ein erster Tengelmann-Selbstbedienungssupermarkt in München. 1969 übernahm Karls Neffe Erivan Haub (1932 bis 2018) die Geschäftsführung und weitete die Geschäftsfelder aus – u. a. mit der Eröffnung von Filialen des Markendiscounters Plus. Im Jahr 2000 übergab Erivan die Leitung an seinen Sohn Karl-Erivan Haub (Jg. 1960), der im April 2018 mutmaßlich verunglückte. Daraufhin übernahm dessen Bruder Christian Haub (Jg. 1964).

Entwicklung

Tengelmann ist heute ein weltweit agierendes Handelsunternehmen, zu dem neben den strategischen Geschäftsfeldern auch mehr als 80 Beteiligungen an Start-ups gehören.

Besonderheiten

Kurz nach dem Tod des Firmen- und Familienoberhaupts Erivan Haub im März 2018 wurde dessen Nachfolger Karl-Erivan Haub nach einer Skitour am Matterhorn als vermisst gemeldet – eine weitere Herausforderung im Ringen um die Neuausrichtung des Konzerns.

Dunkle Flecken

Für Aufsehen sorgte 2008 die fristlose Kündigung einer Kaiser's-Tengelmann-Kassiererin wegen Unterschlagung von Leergutbons im Wert von 1,30 Euro. Das Bundesarbeitsgericht hielt die Kündigung im »Fall Emmely« für unwirksam.

Firma: Tengelmann Twenty-One KG
Gründung: 1867
Mitarbeiter: ca. 90 000
Umsatz (2019): 8,1 Mrd. Euro
Gewinn nach Steuern: keine Angaben
Stammsitz: Mülheim an der Ruhr
Charakter Kommanditgesellschaft als Dachgesellschaft von Einzelunternehmen
Besitzverhältnisse: Eigentümerin ist Familie Haub

Geschäftsfelder: Baumärkte (Obi), Textil-Discounter (Kik), Nonfood-Handel (Tedi), Online-Handel (Babymarkt.de), Immobilien

Historische Geschäftsfelder: Kolonialwaren- und Lebensmittelhandel

Künftiger Kurs: Die Holding will den Bereich Immobilien sowie die Aktivitäten auf dem US-Markt ausbauen.

DIE HENKELS – DIE SAUBERMACHER

Gründer und Weichensteller

Der Kaufmann Fritz Henkel (1848 bis 1930), Teilhaber einer Chemikalien- und Farbengroßhandlung, gründete 1876 mit zwei Kompagnons die Waschmittelfabrik Henkel & Cie in Aachen. Wegen besserer Verkehrsanbindung verlegte er den Firmensitz nach Düsseldorf.

Sein jüngster Sohn Hugo Henkel (1881 bis 1952), promovierter Chemiker, übernahm 1905 die Leitung der Fabrikation und erfand das erste »selbsttätige« Waschmittel »Persil«, das 1907 auf den Markt kam. 1930 übernahm er die Unternehmensleitung. Auf Druck der Nationalsozialisten musste er 1938 in den Aufsichtsrat weichen und die Führung seinem Neffen Werner Lüps überlassen. Nach dessen Unfalltod 1942 wurde Hugos Sohn Jost Henkel (1909 bis 1961) zum »Betriebsführer« gewählt und leitete den Konzern bis zu seinem Tod. 1961 übernahm sein jüngerer Bruder Konrad Henkel (1915 bis 1999) die Leitung des Unternehmens, das er 1975 in eine KGaA überführte. 1980 übergab er die Geschäftsführung an Helmut Sihler (Jg. 1930), erster familienfremder Manager an der Spitze der Firma.

Entwicklung

Mit einer konsequenten Expansionsstrategie hinsichtlich neuer Marken und der Übernahme von Konkurrenzbetrieben wuchs der Chemiefabrikant zum Waschmittel- und Klebstoffriesen.

Besonderheiten

Seine große Bekanntheit und Verbreitung in Deutschland machte Henkels Waschmittel »Persil« zum Inbegriff für Reinheit. Der »Persil-Schein« wurde umgangssprachlich zum Synonym für eine unbefleckte Vergangenheit nach dem Nationalsozialismus.

Dunkle Flecken

Ab 2002 war der Konzern über mehrere Jahre an illegalen Preisabsprachen mit anderen internationalen Waschmittelherstellern beteiligt. Anders als die Partner kam Henkel straffrei davon, weil die Firma sich den Kartellbehörden als Kronzeuge zur Verfügung stellte.

Firma: Henkel AG & Co. KGaA
Gründung: 1876
Mitarbeiter: 52 650
Umsatz (2019): 20,11 Mrd. Euro
Gewinn nach Steuern: 2,10 Mrd. Euro
Stammsitz: Düsseldorf-Holthausen
Charakter: Börsennotierter Konsumgüterhersteller mit weltweiten Marken
Besitzverhältnisse: Stammaktien zu 61,54 % über Aktienbindungsvertrag in Händen der Familie, Rest in Streubesitz

Geschäftsfelder: Wasch- und Reinigungsmittel, Kosmetik, Klebstoffe

Historische Geschäftsfelder: Erster Artikel 1878: Henkel's Bleich-Soda, ein Universalwaschmittel auf Basis von Wasserglas und Soda

Künftiger Kurs: Die Firma setzt auf Innovation, Nachhaltigkeit und Digitalisierung.

DIE STEIFFS –
DIE KINDERFREUNDLICHEN

Gründerin und Weichensteller

Margarete Steiff (1847 bis 1909) wurde als drittes von vier Kindern geboren und erkrankte mit 18 Monaten an Kinderlähmung. Sie konnte ihr Leben lang nicht gehen und war stets auf Hilfe angewiesen. Ihre Schwestern eröffneten 1862 eine Damenschneiderei, in der sie mitarbeitete. 1877 gründete Margarete ein Filzkonfektionsgeschäft und verkaufte selbst gefertigte Kleidungsstücke. 1879 entdeckte sie ein Schnittmuster für einen kleinen Stoffelefanten. Aus Filzresten nähte sie ein »Elefäntle« – ihr erster Schritt auf dem Weg zur erfolgreichsten Spielzeugunternehmerin der Welt.
1880 gründete sie, 33 Jahre alt, die Manufaktur Steiff. Ihr Lieblingsneffe Richard Steiff trat 1897 ins Unternehmen ein. Er entwarf 1902 den Bären Bär 55 PB, den weltweit ersten Plüschbären mit beweglichen Armen und Beinen. Der Bär wurde ein enormer Verkaufserfolg, ab 1906 unter dem Namen Teddybär – benannt nach dem amerikanischen Präsidenten Theodore »Teddy« Roosevelt.

Entwicklung

Die Firma, zu Beginn ein Ein-Frau-Betrieb, wuchs enorm rasch. Schon sechs Jahre nach Gründung verkaufte Steiff 5000 Schmusetiere. Anfang der 1890er-Jahre beschäftigte die Firma vier Näherinnen und zehn Heimarbeiterinnen. Der Durchbruch gelang, als ein amerikanischer Händler 3000 Exemplare des Bären 55 PB orderte. Im Jahr 1907 stellte Steiff 973 999 Teddybären her.

Besonderheiten

Kennzeichen der Plüschtiere ist seit 1904 ein meist metallener Knopf im Ohr, der eine gelbe Markenfahne hält. Nach einem Gerichtsurteil von 2014 kann die Firma allerdings nicht mehr einen europaweiten Schutz des Markenzeichens beanspruchen.

Dunkle Flecken

In der NS-Zeit fertigte das Unternehmen eine SA-Filzfigur mit Kulleraugen und Knopf im Ohr. 1934 verbot das Landesgewerbeamt die Puppe, weil sie »die Würde nationaler Symbole« verletze.

Firma: Steiff Beteiligungsgesellschaft mbH
Gründung: 1880
Mitarbeiter: etwa 1600
Umsatz (2019): 112 Mio. Euro
Gewinn nach Steuern: keine Angaben
Stammsitz: Giengen an der Brenz
Charakter: Eine Holding in Familienbesitz, zu der insbesondere die Margarete Steiff GmbH gehört, die die Stofftiere produziert.

Geschäftsfelder: Vor allem Plüschtiere, aber auch Baby- und Kindermode

Historische Geschäftsfelder: Früher wurden auch Holzspielzeug und Drachen hergestellt.

Strategie: Die Firma expandiert mit Shops, in denen die firmeneigenen Produkte verkauft werden. Daneben werden die Waren über Läden, den eigenen Onlineshop und die bekannten digitalen Marktplätze vertrieben.

DIE MIELES UND ZINKANNS – DIE HAUSHALTSHELFER

Gründer und Weichensteller

Carl Miele (1869 bis 1938), der eine Baustoff- und Haushaltsgerätehandlung betrieben hatte, und Reinhard Zinkann (1869 bis 1939), ein Handlungsreisender für Eisenwaren, gründeten das Unternehmen 1899 im westfälischen Herzebrock, um Zentrifugen herzustellen. Der Betrieb begann mit elf Mitarbeitern in einer ehemaligen Korn- und Sägemühle. Zunächst wurden Milchzentrifugen und Buttermaschinen gefertigt.

Im Jahr 1900 entwickelte Miele seine erste Waschmaschine; ab 1910 gab es die ersten Waschmaschinen mit Elektroantrieb. Die Firma wuchs schnell: Schon 1914 war Miele die größte Fabrik in Deutschland für Milchzentrifugen, Buttermaschinen, Wasch-, Wring- und Mangelmaschinen.

Dabei hatten die beiden Eigentümer ihre Aufgaben untereinander aufgeteilt – Reinhard Zinkann baute ein effektives Verkaufssystem auf, Carl Miele, technisch sehr interessiert, kümmerte sich mehr um die Entwicklung und Konstruktion der Maschinen.

Entwicklung

In ihrer Geschichte setzte die Firma stets auf technische Innovationen: 1927 nahm Miele die Produktion von Staubsaugern auf, 1929 stellte das Unternehmen die erste elektrische Geschirrspülmaschine Europas her, viele Geräte standen an der Spitze der technischen Entwicklung. 2017 präsentierte Miele einen neuartigen Backofen, der klassische Beheizungsarten wie etwa Umluft mit elektromagnetischen Wellen kombiniert.

Besonderheiten

Heute sitzen mit Markus Miele und Reinhard Zinkann immer noch zwei Mitglieder der vierten Generation der Gründerfamilien in der Geschäftsführung und kümmern sich um das operative Geschäft, gemeinsam mit drei familienfremden Managern.

Dunkle Flecken
Wie viele andere deutsche Unternehmen beschäftigte Miele während des Zweiten Weltkriegs Zwangsarbeiter aus verschiedenen Ländern.

Firma: Miele & Cie. KG
Gründung: 1899
Mitarbeiter: etwa 20 500
Umsatz (2018/2019): 4,16 Mrd. Euro
Gewinn nach Steuern: keine Angaben
Stammsitz: Gütersloh
Charakter: Miele ist eine Kommanditgesellschaft im Besitz der beiden Familien Miele (51 %) und Zinkann (49 %).

Geschäftsfelder: Haushaltsgeräte und Gewerbegeräte zum Waschen und Reinigen

Historische Geschäftsfelder: Miele stellte unter anderem Milchzentrifugen und Buttermaschinen her, aber ebenso Motorräder und Fahrräder, zwischen 1912 und 1914 sogar rund 140 Automobile; bis vor einigen Jahren auch Einbauküchen.

Künftiger Kurs: Ein großes Thema ist die Digitalisierung im Haushalt; Miele versucht, mit Smart-Home-Lösungen den Anschluss zu halten.

DIE ALBRECHTS – DIE SELBSTBEDIENUNGS-KÖNIGE

Gründer und Weichensteller

Der gelernte Bäcker Karl Albrecht senior (1886 bis 1943) machte sich 1913 in Essen-Schonnebeck als Brothändler selbstständig, 1914 gründet seine Frau Anna ein Lebensmittelgeschäft. Im Jahr 1945 übernahmen die Söhne Karl (1920 bis 2014) und Theo (1922 bis 2010) das Geschäft; 1948 begannen die beiden mit dem Handel von Grundnahrungsmitteln zu Niedrigpreisen. Schon 1954 wuchs das Filialnetz über Essen hinaus.

Entwicklung

Im Jahr 1961 teilten die Brüder das Unternehmen auf und expandierten fortan getrennt: der eher auf Kontrolle bedachte Theo im Norden, der mehr delegierende Karl im Süden. Ab 1962 eröffneten sie Discounter teils im Wochentakt; die Expansion setzte sich über mehrere Jahrzehnte fort. 1973 überführten beide Aldi-Brüder ihr Firmenvermögen in Familienstiftungen. Hauptbegünstigte sind im Süden die Familie von Karls Tochter Beate Heister, im Norden die Familienangehörigen von Theo, darunter seine Schwiegertochter Babette Albrecht (geboren 1959). Heute ist Aldi in 20 Ländern weltweit präsent. Nur noch Theo Albrecht junior (geboren 1950) ist aktiv am Geschäft beteiligt.

Besonderheiten

Durch die konsequente Einführung des Selbstbedienungsprinzips sparte das Unternehmen massiv an Personal und Logistik, es behauptete sich als Pionier des Discounthandels in Deutschland. Inzwischen wurde der langjährige Marktführer Aldi vom Konkurrenten Schwarz-Gruppe (Lidl) abgelöst.

Dunkle Flecken

Während von Aldi Süd über interne Auseinandersetzungen nichts bekannt ist, sind bei Aldi Nord Theo Albrecht junior und seine Schwägerin offen verfeindet; seit Jahren schwelt ein gerichtlicher Streit unter den Familienstiftungen über die Ausschüttungen an Babette und ihre fünf Kinder.

Firma: Aldi (steht für Albrecht Diskont)
Gründung: 1913
Mitarbeiter: Aldi Nord: etwa 60 000 europaweit, Aldi Süd: rund 155 000 weltweit
Umsatz in Deutschland (2018): 13 Mrd. Euro (Aldi Nord), 17,3 Mrd. Euro (Aldi Süd)
Gewinn: keine Angaben
Stammsitz: Essen (Aldi Nord), Mülheim an der Ruhr (Aldi Süd)
Charakter: Zwei familiär verbundene Unternehmensgruppen mit 60 Regionalgesellschaften in Deutschland

Geschäftsfelder: Lebensmitteldiscount mit Sondersortimenten

Historische Geschäftsfelder: Lebensmitteleinzelhandel

Künftiger Kurs: Gemunkelt wird über einen Zusammenschluss von Aldi Nord und Süd, in jedem Fall wollen beide Unternehmen in Zukunft enger kooperieren.

DIE TRUMPFS UND LEIBINGERS – DIE MASCHINENBAUER

Gründer und Weichensteller

Christian Trumpf erwarb 1923 die mechanische Werkstätte der Stuttgarter Julius Geiger GmbH, die biegsame Wellen herstellte. 1937 erfolgte die Umbenennung in »TRUMPF & Co. vormals Julius Geiger GmbH«. Berthold Leibinger (1930 bis 2018), Patensohn von Trumpfs Ehefrau Anna, kam im August 1950 als Lehrling in das Unternehmen. Nach einer Station in den USA wurde Leibinger 1961 Leiter der Trumpf-Konstruktionsabteilung und 1966 technischer Geschäftsführer.

Nach und nach kaufte er dem kinderlosen Ehepaar Trumpf Anteile ab. Im Jahr 1972 waren Leibinger und Hugo Schwarz alleinige Anteilseigner des Unternehmens, das bereits 73 Millionen D-Mark Umsatz erzielte. 1978 wurde Leibinger Vorsitzender der Geschäftsführung und ein Wegbereiter des Industrielasers. Ein Generationenwechsel folgte 2005, als seine Tochter Nicola Leibinger-Kammüller Vorsitzende der Geschäftsführung wurde, der auch ihr Bruder und ihr Ehemann angehören.

Entwicklung

Aus der kleinen Werkstatt für Maschinenteile mit nur 70 Mitarbeitern entstand durch Erweiterung des Produktportfolios um Elektro- und Druckluftwerkzeuge, Werkzeugmaschinen und Industrielaser ein kontinuierlich expandierendes Unternehmen, das ab den Fünfzigerjahren international agierte.

Besonderheiten

Zu den Unternehmensgrundsätzen zählt ausdrücklich, den Charakter eines Familienunternehmens durch die Wahrung wirtschaftlicher Unabhängigkeit aufrechtzuerhalten. Die Forschungs- und Entwicklungsinvestitionen des Unternehmens sollen aus eigener Kraft getragen werden.

Dunkle Flecken

Im Zweiten Weltkrieg stellte Trumpf Fußpumpen für den militärischen Flugzeugbau her. Ein Drittel der mehr als hundert Mitarbeiter waren französische Zwangsarbeiter, größtenteils aus der südlich von Paris gelegenen Stadt Vierzon.

Firma: Trumpf GmbH & Co. KG
Gründung: 1923
Mitarbeiter: 14490
Umsatz (2018/19): 3,78 Mrd. Euro
Ergebnis nach Steuern: 216 Mio. Euro
Stammsitz: Ditzingen
Charakter: Management-Holding mit weltweit rund 70 Tochtergesellschaften
Besitzverhältnisse: 90 % Familie Leibinger, 10 % Berthold Leibinger Stiftung

Geschäftsfelder Werkzeugmaschinen, Laser, Industrie-Elektronik

Historische Geschäftsfelder: Unter anderem biegsame Wellen für Zahnarztpraxen und Druckereien, erste motorbetriebene Blech-Handschere

Künftiger Kurs: Erweiterung der Hochtechnologieproduktion, besonders von Lasern, Investitionen in Forschung und Entwicklung

DIE SCHAEFFLERS – DIE MUTTER-&-SOHN-AG

Gründer und Weichensteller

Der Diplomkaufmann und Jurist Wilhelm Schaeffler (1908 bis 1981) erwarb 1939 die oberschlesische Davistan-AG, die Textilwaren produzierte und einer jüdischen Familie gehört hatte. Zwei Jahre später wurde er NSDAP-Mitglied. 1941 trat sein jüngerer Bruder Georg Schaeffler (1917 bis 1996) in das Unternehmen ein. Das Unternehmen wurde 1942 in »Wilhelm Schaeffler AG« umbenannt und produzierte auch Rüstungsgüter. Wilhelm Schaeffler wurde 1949 in Polen wegen Aneignung polnischen und jüdischen Besitzes verurteilt. Im Juli 1951 wurde er freigelassen. In Oberfranken spezialisierte sich das wiederbegründete Unternehmen auf Nadellager, eine besondere Form von Kugellagern. Schon bald kooperierte man mit Daimler-Benz.

Entwicklung

Der Schwerpunkt des Familienunternehmens liegt seit den Fünfzigerjahren in der Metallbranche. Georg Schaeffler erhielt 1969 das Verdienstkreuz der Bundesrepublik Deutschland. Seit dessen Tod führt seine Witwe Maria-Elisabeth, die den 24 Jahre älteren Mann 1963 geheiratet hatte, das Unternehmen, inzwischen gemeinsam mit Sohn Georg.

Besonderheiten

Beinahe wäre die Firma 2009 an der Übernahme der Continental-Werke in Hannover gescheitert, nur mithilfe der Banken wurde die Firma gerettet. Die Matriarchin Schaeffler blieb die dominierende Figur des Unternehmens. Mit Sohn Georg verfügt sie über ein Vermögen von 13,4 Milliarden Euro.

Dunkle Flecken

2009 fanden Medien – darunter ein Team von SPIEGEL TV – valide Hinweise darauf, dass das Unternehmen während der NS-Zeit Haare von

KZ-Häftlingen aus Auschwitz zu Garn verarbeitete, auch Historiker stützen diese Vermutung. Das Unternehmen bestreitet diese Verbindung. In der firmeneigenen Darstellung beginnt die Unternehmensgeschichte erst 1946.

Firma: Schaeffler AG
Umbenennung: 1942 als Wilhelm Schaeffler AG
Mitarbeiter: 87 700
Umsatz (2019): 14,4 Mrd. Euro
Ergebnis nach Steuern: 440 Mio. Euro
Stammsitz: Herzogenaurach
Charakter: Automobil- und Industriezulieferer mit Filialen von USA bis China
Besitzverhältnisse: Maria-Elisabeth und Georg Schaeffler halten 75 % der Stammaktien.

Geschäftsfelder: Bau von Motoren, Getrieben, Fahrwerken und Industrieanlagen

Historische Geschäftsfelder: Unter anderem Textilproduktion für die Wehrmacht und Rüstungsgüter

Künftiger Kurs: Schaeffler setzt auf »Kompetenz und Erfindungskraft«, um global führender Zulieferer der Automobilindustrie zu sein.

ANHANG

CHRONIK

Wirtschaft und Familienunternehmen von 1150 bis heute

1149

In Köln schließen sich die Bettlakenweber zu einer der ersten **Handwerkergemeinschaften** zusammen. Zünfte regeln das Geschäft der kleinen Familienbetriebe lange rigoros.

1367

Hans Fugger zieht nach Augsburg, womit der Aufstieg des **Kaufmannsgeschlechts der Fugger** zu einer der reichsten Familien Europas beginnt.

Ab 1400

Nun entstehen vermehrt große **Handelsgesellschaften;** sie bündeln ihr Kapital, um etwa in den Fernhandel einzusteigen. Auch Familien wie die Augsburger Welser sind beteiligt.

Ab 1488

Die lombardischen Brüder Janetto und Franz von Tassis gründen im Auftrag des römisch-deutschen Königs und späteren Kaisers Maximilian I. das europaweite **Postwesen**.

1502

In Siegen wird das bis heute älteste bestehende deutsche **Familienunternehmen, The Coatinc Company,** gegründet.

1668

Jacob Friedrich Merck übernimmt eine Apotheke in Darmstadt – sie gilt als eine Art Keimzelle des Pharmaunternehmens **Merck KGaA.**

1710

August der Starke, Kurfürst von Sachsen, gründet die erste europäische Porzellanmanufaktur. Vielerorts entstehen **Manufakturen,** in denen handwerkliche Produkte arbeitsteilig und in größeren Stückzahlen hergestellt werden. Sie sind nur teilweise Familienbetriebe.

1748

François Boch beginnt in Lothringen mit der Herstellung von Keramikwaren. 1836 schließt er sich mit der Steingutfabrik von Nicolas Villeroy zu **Villeroy & Boch** zusammen.

1756

In Ruhrort eröffnet ein Handelskontor, das Jacob W. **Haniel** 1772 übernimmt. Seine Witwe Aletta stellt die Weichen für ein erfolgreiches Unternehmen.

9. März 1776

Der schottische Moralphilosoph Adam Smith veröffentlicht seine Hauptschrift **»Der Wohlstand der Nationen«.** Das Werk markiert den Beginn des **Wirtschaftsliberalismus.** Dieser postuliert, dass der Einzelne sich wirtschaftlich frei auch als Unternehmer betätigen können soll.

1783/84

Der Wuppertaler Kaufmann und Unternehmer Johann Gottfried Brügelmann eröffnet in Ratingen die erste **Fabrik** auf dem europäischen Kontinent: die Baumwollspinnerei Cromford.

1798

In Altona bei Hamburg gründen die Brüder Moses Marcus und Gerson **Warburg** eine Bank, heute die größte inhabergeführte Privatbank Deutschlands.

1800

Etwa eine Million Beschäftigte arbeiten im Heimgewerbe. Das lässt auf die große Verbreitung des **Verlagswesens** schließen: Kaufleute beauftragen ländliche Handwerker, nehmen ihnen ihre Waren ab und vertreiben diese dann, eine frühe kapitalistische Betriebsform.

1811

Friedrich Krupp eröffnet eine Gussstahlfabrik, sein Sohn Alfred **Krupp** (1812 bis 1887) baut sie zu einem Weltunternehmen aus.

1828

Anton Philipp Reclam etabliert in Leipzig einen Verlag.

1. Januar 1834

Der Deutsche Zollverein tritt in Kraft, ein Zusammenschluss zahlreicher Staaten des Deutschen Bundes. Erstmals kommt es auf deutschem Gebiet zu einem umfassenden gemeinschaftlichen Wirtschaftsraum, weitgehend ohne Zollgrenzen.

1835

Zwischen Nürnberg und Fürth nimmt die erste deutsche Eisenbahnverbindung ihren Dienst auf. Die neuen Transportmöglichkeiten treiben wie der Einsatz von Dampfmaschinen die **industrielle Revolution** voran.

1841

Die Brüder Clemens und August Brenninkmeijer gründen das Unternehmen **C&A**.

1841

Peter Wilhelm Werhahn eröffnet in Neuss eine Holzhandlung. Heute hat der Mischkonzern **Wilh. Werhahn KG** rund 10 000 Mitarbeiter.

1863

Ferdinand Lassalle gründet den **Allgemeinen Deutschen Arbeiterverein,** die erste gesamtdeutsch orientierte Arbeiterpartei. Sie vertritt die wachsende Gruppe ungelernter Fabrikarbeiter und schlecht bezahlter Tagelöhner: das Proletariat.

1863

Friedrich Bayer und Johann Friedrich Wescott starten ihre Firma »**Friedr. Bayer et comp**«: Unter Bayers Sohn Friedrich und mit dem Chemiker Carl Duisberg beginnt die Expansion zu einem weltweit operierenden Chemie- und Pharmariesen.

1866

Werner Siemens entdeckt das dynamoelektrische Prinzip: Ein Grundstein für den Einsatz von **Elektrizität** im Alltag ist gelegt. Es ist der Beginn der Elektrifizierung – auch in Unternehmen.

1867

Der Kaufmann Wilhelm Schmitz eröffnet in Mülheim an der Ruhr einen Großhandel für Kolonialwaren. Daraus erwächst das heute weltweit aktive Handelsunternehmen **Tengelmann Twenty-One KG**.

1867

Fritz Henkel baut eine Waschmittelfabrik auf. Waschmittel werden bis dahin lose angeboten, **Henkel** verkauft seines in handlichen Päckchen.

Ab 1870

In den Jahren des »Gründerbooms« bis 1873 entstehen fast 1000 neue **Aktiengesellschaften,** bis 1890 sind es im Kaiserreich bereits etwa 3000. Auch Familienunternehmen geben Aktien aus, um kapitalintensive Aktivitäten zu finanzieren.

1870

August Thyssen ruft das Walzwerk Thyssen & Co. ins Leben, aus dem einer der größten europäischen Montankonzerne, die **August Thyssen-Hütte,** entsteht.

1876

In Stralsund wandeln die Brüder Hugo und Georg Wertheim das Geschäft ihrer Eltern in das erste **Warenhaus** in Deutschland um; bald entstehen große Ketten.

1880

Margarete **Steiff** gründet ein Unternehmen, das durch den »Teddybären« weltbekannt wird.

1886

Carl Benz meldet das **Automobil mit Verbrennungsmotor zum Patent an** – das automobile Zeitalter beginnt.

1886

Der gelernte Feinmechaniker Robert Bosch eröffnet in Stuttgart eine kleine Werkstatt und baut Magnetzünder für die noch junge Automobiltechnik. Heute ist die **Robert Bosch GmbH** der weltweit größte Automobilzulieferer.

1899

Carl Miele beginnt, mit seinem Kompagnon Reinhard Zinkann Zentrifugen zu produzieren. Die **Miele & Cie. KG** ist heute ein führender Produzent von Haushaltsgeräten.

1913

Karl Albrecht wagt mit einem Brothandel den Schritt in die Selbstständigkeit. Seine Söhne bauen den Lebensmitteldiscounter **Aldi** auf.

1914

Im Ersten Weltkrieg müssen sich die deutschen Unternehmen den Bedürfnissen des Krieges unterordnen. Die Firmen sollen vor allem kriegswichtige Produkte herstellen, insbesondere Waffen, Munition, Ausrüstung.

1923

Christian Trumpf kauft eine mechanische Werkstatt. Daraus entwickelte sich die **Trumpf GmbH & Co. KG**, ein weltweit agierender Anbieter von Werkzeugmaschinen.

Ab 1933

Viele jüdische Familien verlieren durch Zwangsenteignungen ihre Unternehmen; nichtjüdische Eigentümer übernehmen den Besitz meist zu einem Preis weit unter Marktwert, wie etwa bei der Warenhauskette Hermann Tietz.

ab 1934

Ferdinand Porsche entwickelt für die Nationalsozialisten den Vorläufer des Volkswagens; 1945 wird der erste »Käfer« in Serie gebaut. Heute ist die **Volkswagen AG,** mehrheitlich im Besitz der Familien Porsche und Piëch, der größte Automobilhersteller der Welt.

1939

Wilhelm Schaeffler erwirbt das Textilunternehmen einer jüdischen Familie. Daraus entsteht die **Schaeffler AG,** ein Zulieferbetrieb der Automobil- und Maschinenbauindustrie.

Ab 1945

In der SBZ/**DDR** werden zahlreiche Familienunternehmen demontiert oder verstaatlicht. 1972 werden alle Unternehmen mit mehr als zehn Mitarbeitern verstaatlicht.

1945

Adolf Würth gründet einen Schraubenhandel in Künzelsau, sein Sohn Reinhold **Würth** macht daraus ab 1954 einen Weltkonzern.

22. September 1985

Im New Yorker »**Plaza-Abkommen**« setzen die wichtigsten Volkswirtschaften ihre Wechselkurse neu fest. Die Globalisierung nimmt Fahrt auf: Firmen expandieren international, Fertigungsketten werden grenz- und kontinentübergreifend organisiert.

1989

Das von Tim Berners-Lee und Robert Cailliau am Forschungszentrum CERN in Genf entwickelte »**World Wide Web**« bedeutet den Durchbruch für die **digitale Revolution,** die auch Familienunternehmen vor große Herausforderungen stellt.

1. Juli 1990

Noch vor der offiziellen deutschen Wiedervereinigung tritt die Währungs-, Wirtschafts- und Sozialunion in Kraft – Voraussetzung für die Soziale Marktwirtschaft in ganz Deutschland.

BUCHEMPFEHLUNGEN ZUM WEITERLESEN

Sachbücher: Empfehlungen des Wirtschaftshistorikers Werner Plumpe

Jürgen Finger, Sven Keller, Andreas Wirsching: *Dr. Oetker und der Nationalsozialismus. Geschichte eines Familienunternehmens 1933–1945*, München: C. H. Beck, 2013.

Erstmals gewährte das Bielefelder Nahrungsmittelunternehmen einer Forschergruppe Zugang zu seinem Archiv, um die Firmengeschichte während der Nazidiktatur aufzuarbeiten.

Joachim Scholtyseck: *Freudenberg. Ein Familienunternehmen in Kaiserreich, Demokratie und Diktatur*, München: C. H. Beck, 2016.

Angefangen hat Freudenberg (»Vileda«) als kleiner Lederhersteller, heute ist die Firma aus dem badischen Weinheim eines der größten deutschen Unternehmen. Der Autor beleuchtet die Geschichte der Firma von der Gründung bis ins Jahr 1949.

David Landes: *Die Macht der Familie. Wirtschaftsdynastien in der Weltgeschichte*, München: Pantheon, 2008.

Der Autor erzählt von den wichtigsten internationalen Familienunternehmen – darunter die Rothschilds, die Fords und die Rockefellers – und ihren Einfluss auf die Weltwirtschaft vom 17. Jahrhundert bis heute.

Zwangsarbeit: Die dunkle Seite deutscher Unternehmen

Natascha Wodin: *Sie kam aus Mariupol,* Reinbek: Rowohlt, 2017.

Natascha Wodin berichtet in ihrem Erinnerungsbuch *Sie kam aus Mariupol* unter anderem von ihrer aus der Ukraine verschleppten Mutter, die wie ihr Vater bei Flick in Leipzig arbeiten musste, »unter Zuständen, für die ›unwürdig‹ ein zu würdiges Wort ist«, hieß es in der SPIEGEL-Kritik.

Zwangsarbeit gab es natürlich nicht nur bei Familienunternehmen. Das digitale Angebot des Zwangsarbeiter-Archivs hält nicht nur vielerlei Informationen bereit, sondern präsentiert auch insgesamt 600 Video- und Audiointerviews mit Betroffenen aus 26 Ländern: *www.zwangsarbeit-archiv.de*

Biografien: Einblicke in das Leben der Firmenbosse

Joachim Käppner: *Berthold Beitz. Die Biographie,* München: Piper, 2013.

Berthold Beitz war an der Spitze des Krupp-Konzerns über Jahrzehnte einer der einflussreichsten Männer der deutschen Wirtschaft. Erst spät wurde bekannt, dass er während des Zweiten Weltkriegs Hunderten polnischen Juden das Leben gerettet hat. Dem Journalisten Joachim Käppner ist eine hochgelobte

Biografie gelungen, die zugleich ein Panorama des 20. Jahrhunderts in Deutschland entwirft.

Johannes Bähr: *Werner von Siemens 1816–1892,* München: C. H. Beck, 2016.

Werner von Siemens war nicht nur Erfinder, Industrieller und Begründer der modernen Elektrotechnik, sondern auch Abgeordneter und preußischer Offizier. Die von Johannes Bähr verfasste Biografie zeigt die vielen Facetten des Mannes, der die Grundsteine für die heutige Weltfirma Siemens legte.

Michael Epkenhans, Ralf Stremmel (Hg.): *Friedrich Alfred Krupp. Ein Unternehmer im Kaiserreich*, München: C. H. Beck, 2010.

Friedrich Alfred Krupp steht in der Wahrnehmung meist im Schatten seines Vaters Alfred Krupp, dem Begründer der Krupp-Dynastie. Umso interessanter das Porträt eines äußerst erfolgreichen und zugleich empfindsamen, widersprüchlichen Unternehmers, der schließlich auch am öffentlichen Druck zerbrach.

Weitere Buchempfehlungen

Johannes Bähr, Paul Erker: *Bosch. Geschichte eines Weltunternehmens*, München: C. H. Beck, 2013.

Dietrich Bode: *Reclam. Daten, Bilder und Dokumente zur Verlagsgeschichte 1828–2003,* Stuttgart: Reclam, 2003.

Carsten Burhop, Michael Kißener, Hermann Schäfer, Joachim Scholtyseck: *Merck. 1668 bis 2018. Von der Apotheke zum Weltkonzern*, München: C. H. Beck, 2018.

Werner Plumpe: *Das kalte Herz. Kapitalismus. Die Geschichte einer andauernden Revolution*, Berlin: Rowohlt Berlin, 2019.

Joachim Scholtyseck: *Der Aufstieg der Quandts. Eine deutsche Unternehmerdynastie*, München: C. H. Beck, 2011.

Helge Timmerberg: *Reinhold Würth. Der Herr der Schrauben,* München: Piper, 2020.

AUTOR*INNENVERZEICHNIS

Prof. Dr. Johannes Bähr ist apl. Professor für Wirtschafts- und Sozialgeschichte an der Johann Wolfgang Goethe-Universität Frankfurt am Main.

Christoph Gunkel ist Redakteur im Ressort Geschichte des SPIEGEL.

Ruth Hoffmann ist freie Journalistin.

Dr. Katja Iken ist Redakteurin im Ressort Geschichte des SPIEGEL.

Prof. Dr. Michael Kißener ist Professor für Zeitgeschichte an der Johannes Gutenberg-Universität Mainz.

Uwe Klußmann ist Redakteur im Ressort Geschichte des SPIEGEL.

Armin Mahler war Leiter des Ressorts Wirtschaft des SPIEGEL.

Joachim Mohr ist Redakteur im Ressort Geschichte des SPIEGEL.

Frank Patalong ist Redakteur im Ressort Geschichte des SPIEGEL.

Martin Pfaffenzeller ist freier Journalist.

Simone Salden ist stellvertretende Leiterin des Ressorts Deutschland/Panorama des SPIEGEL.

Dr. Eva-Maria Schnurr ist Leiterin des Ressorts Geschichte des SPIEGEL.

Dr. Johannes Saltzwedel ist Redakteur im Ressort Geschichte des SPIEGEL.

Prof. Dr. Joachim Scholtyseck ist Professor für Geschichte der Neuzeit an der Rheinischen Friedrich-Wilhelms-Universität Bonn.

Benno Stieber ist freier Journalist.

Volker Weidermann war Autor im Ressort Kultur des SPIEGEL.

Dr. Klaus Wiegrefe ist Redakteur im Ressort Deutschland/Panorama des SPIEGEL.

DANK

Entstehen konnte dieser Band nur, weil viele kluge und engagierte Kolleginnen und Kollegen die Autor*innen unterstützt haben. Das von Cordelia Freiwald und Kurt Jansson geleitete SPIEGEL-Dokumentationsteam prüfte unter der Koordination von Stephanie Hoffmann die Beiträge gewohnt sicher und umsichtig auf sachliche Richtigkeit. Mit unermüdlicher Freundlichkeit besorgten die Bibliothekare Johanna Bartikowski und Heiko Paulsen umfangreiche Fachliteratur.

Anke Wellnitz besorgte die Bildauswahl, Andrea Bombek kümmerte sich um die Bildrechte. In der Schlussredaktion prüften Lutz Diedrichs, Sylke Kruse, Katharina Lüken und Sandra Waege die Texte noch einmal auf Stimmigkeit. Heike Kalb, Kathrin Maas und Elke Mohr im Sekretariat sorgten für den reibungslosen Ablauf.

Rieke Gellert beim SPIEGEL und Julia Kompe bei der DVA haben das gesamte Buchprojekt betreut; für die Herstellung waren Andrea Mogwitz und Inka Hagen verantwortlich. Ihnen allen gilt unser herzlicher Dank für die rundum erfreuliche Zusammenarbeit.

Hamburg, im Sommer 2021
Joachim Mohr und Dr. Eva-Maria Schnurr

PERSONENREGISTER

Abs, Hermann Josef 153
Adenauer, Konrad 127, 161, 216
Adenauer, Libet *siehe* Werhahn, Libet
Adlon, Lorenz 135
Albrecht (Familie) 63, 191, 226
Albrecht, Anna 226
Albrecht, Babette 226f.
Albrecht, Karl 191, 226, 239
Albrecht, Karl, sen. 226, 239
Albrecht, Theo 191, 226, 239
Albrecht, Theo, jun. 226
Allmers, Robert 169
Arndt, Johann 68
August der Starke, Kurfürst von Sachsen 235

Bahlsen, Hermann 158
Bahlsen, Verena 158, 210
Bähr, Johannes 106
Baumann, Auguste Susanne (verh. Reclam) 68
Bayer (Familie) 23, 25, 107f., 134–144
Bayer, Adele *siehe* Böttinger, Adele
Bayer, Clara *siehe* Rumpff, Clara
Bayer, Friedrich 23, 107, 136f., 237
Bayer, Friedrich, jun. 137, 140, 237
Beck, Carl Heinrich 73
Becker (Familie) 33
Beitz, Berthold 26, 133, 243
Bentz, Melitta 115, 130
Benz, Carl 110, 168, 239
Berg, Hedwig von *siehe* Thyssen, Hedwig
Berg, Sibylle 200
Berners-Lee, Tim 241
Bertelsmann (Familie) 63, 113
Bethmann Hollweg, Theobald von 125
Bicheroux, Désiré 81
Bischoff, Anna Margaretha Angela *siehe* Brenninkmeijer, Anna Margaretha Angela
Bismarck, Otto Fürst von 91
Boch (Familie) 64
Boch, Eugen von 65
Boch, François 235
Boehringer, Albert 63
Bohlen und Halbach, Arndt von 133
Bohlen und Halbach, Bertha von *siehe* Krupp, Bertha
Bohlen und Halbach, Gustav *siehe* Krupp von Bohlen und Halbach, Gustav
Borgers, Johann 28
Bornemisza von Kászon und Imperfalva, Gábor 78
Bosch (Familie) 26, 63, 90–101, 108f.
Bosch, Anna (geb. Kayser) 92, 95f.
Bosch, Margarete (geb. Wörz) 95f.
Bosch, Maria Margarethe 91
Bosch, Paula 95
Bosch, Robert 26f., 90–97, 99f., 106, 109, 239
Bosch, Robert, jun. 95f., 100

Bosch, Servatius 91
Böttinger, Adele (geb. Bayer) 137
Böttinger, Henry 137
Brakelmann, Günter 88
Braun, Anna Maria 188
Braun, Bernhard 188
Breitkopf, Bernhard Christoph 73
Brenninkmeijer (Familie) 189–199
Brenninkmeijer, Alexander 198 f.
Brenninkmeijer, Anna Margaretha Angela (geb. Bischoff) 192
Brenninkmeijer, August 189, 191–194, 237
Brenninkmeijer, Clemens 189, 191–194, 237
Brenninkmeijer, Edward 198
Brenninkmeijer, Johanna 197
Brenninkmeijer, Johann Gerhard 192
Brockhaus, Friedrich Arnold 66, 73
Brügelmann, Johann Gottfried 236

Cailliau, Robert 241
Campe, Julius 73
Chipperfield, David 205
Chrysler, Walter 110
Cotta, Johann Friedrich 67, 73
Coudenhove-Calergi, Richard Nikolaus 96
Cramer (Familie) 209
Cramer, Albert 115
Cramer, Catharina 115, 209

Daimler, Gottlieb 110, 166, 168
Dallmayr, Alois 209
Draeger, Hedwig *siehe* Quandt, Hedwig
Draeger, Johann Friedrich Ludwig 145
Dräger, Stefan 111
Dresler, Emmy 33
Dresler, Heinrich Adolf 32 f.
Dresler, Johann Heinrich, II. 30
Dresler, Luise (verh. Niederstein) 32
Dresseler, Heylmann 29 f.
Duisberg, Carl 134–144, 237
Duisberg, Carl Ludwig 138
Duisberg, Hildegard 135, 143
Duisberg, Johanna (geb. Seebohm) 135, 137 f., 143
Duisberg, Johann Karl 136
Duisberg, Wilhelmine 136
Dürr, Heinz 110
Dürr, Otto 110
Dürr, Paul 110

Edison, Thomas Alva 91
Emme, Barbara 219
Engels, Friedrich 21
Erasmus von Rotterdam 38

Faber, Kaspar 104 f.
Faber, Lothar 104
Faber-Castell, Alexander von 104
Ferdinand I., Kaiser des Heiligen Römischen Reichs 36
Ferencz, Benjamin 160 f.
Fischer, Emil 135
Flick (Familie) 156–158, 243
Flick, Friedrich 26, 158–160
Ford (Familie) 243
Ford, Henry 109
Fossoul, Noel 81
Franz I., König von Frankreich 37
Franz Joseph I., Kaiser von Österreich 61
Freudenberg (Familie) 22, 242
Friedrich Wilhelm III., König von Preußen 136
Friz, Diana Maria 131 f.
Fugger (Familie) 15, 38, 40, 103 f., 107, 234
Fugger, Anton 103
Fugger, Hans 103, 234
Fugger, Jakob 15, 103
Funk, Walther 174

Gall, Lothar 153

Geiger, Julius 228
Goebbels, Joseph 87, 148, 173
Goebbels, Magda (geb. Ritschel; auch verh. Quandt) 148, 154
Goerdeler, Carl Friedrich 98 f.
Goethe, Johann Wolfgang von 66 f.
Gogol, Nikolai 72
Göring, Hermann 25, 87, 196
Göschen, Georg Joachim 67
Goschler, Constantin 156–164
Grieger, Manfred 174

Hagenbeck, Carl 181
Halske, Johann Georg 106
Halt, Karl Ritter von 25
Haniel (Familie) 214
Haniel, Aletta 214, 235
Haniel, Franz 214 f.
Haniel, Franz, jun. 214
Haniel, Hugo 214
Haniel, Jacob Wilhelm 214, 235
Harden, Maximilian 129
Harkort (Familie) 17
Harkort, Friedrich 17
Haub (Familie) 219
Haub, Christian 218
Haub, Elisabeth *siehe* Schmitz-Scholl, Elisabeth
Haub, Erivan 218
Haub, Karl-Erivan 218
Hausen, Röschen *siehe* Warburg, Röschen
Heckscher, Abraham 56
Heckscher, Hela *siehe* Warburg, Hela
Heine, Heinrich 56, 58
Heine, Salomon 56
Heineken, Gerard 19
Heinkel, Ernst 174
Heinrich, Prinz von Preußen 125
Heister, Beate 226
Henkel (Familie) 63, 86, 221
Henkel, Fritz 220, 238
Henkel, Hugo 220
Henkel, Jost 220
Henkel, Konrad 220
Henschel, Oscar 130
Henschel, Sophie 130
Hesse, Gertrud 83
Heuss, Theodor 99
Heydrich, Reinhard 88
Heyse, Paul 70
Himmler, Heinrich 174
Hitler, Adolf 88, 97–100, 126, 132, 148, 165–174, 176 f.
Hoffmann, Benjamin Gottlob 73
Honold, Gottlob 92
Horch, August 168
Hoshi (Familie) 86
Hume, David 154
Humperdinck, Engelbert 123

Ibsen, Henrik 72

James, Harold 119

Kaiser, Josef 219
Kalâkaua, König von Hawaii 123
Kallen, Magdalena *siehe* Werhahn, Magdalena
Kammüller, Mathias 228
Kammüller, Nicola *siehe* Leibinger-Kammüller, Nicola
Karl V., Kaiser des Heiligen Römischen Reichs 36 f., 39–43
Karstadt, Rudolf 115
Kaselowsky, Richard 26
Kassel, Simon von 52
Kayser, Anna *siehe* Bosch, Anna
Kertesz, Julia 175
Klatten, Susanne (geb. Quandt) 154
Koehler, Renate 45
Körbel, Hans 176
Körner, Theodor 66
Krupp (Familie) 26, 105 f., 127 f., 130, 132 f., 141, 156 f., 160 f., 243 f.

Krupp, Alfred 21, 24, 105, 117–124, 236, 244
Krupp, Barbara 129
Krupp, Bertha (verh. von Bohlen und Halbach) 120, 122f., 126, 128–133
Krupp, Friedrich 21, 105, 119, 236
Krupp, Friedrich Alfred 113, 120f., 124, 128–130, 244
Krupp, Margarethe 113, 129f.
Krupp, Therese 119
Krupp von Bohlen und Halbach, Alfried 126, 131–133
Krupp von Bohlen und Halbach, Arndt 22
Krupp von Bohlen und Halbach, Claus 132
Krupp von Bohlen und Halbach, Eckbert 132
Krupp von Bohlen und Halbach, Gustav (eigtl. Gustav Bohlen und Halbach) 125f., 130–132
Krupp von Bohlen und Halbach, Harald 132
Kruse, Käthe 114
Kühne (Familie) 210

Lafferentz, Bodo 170f., 173
Lambertz (Familie) 210
Lambsdorff, Otto Graf 163
Langenscheidt, Gabriele *siehe* Quandt-Langenscheidt, Gabriele
Lassalle, Ferdinand 237
Leibinger (Familie) 229
Leibinger, Berthold 228
Leibinger, Peter 228
Leibinger-Kammüller, Nicola (verh. Kammüller) 188, 228
Leibniz, Gottfried Wilhelm 210
Lessing, Gotthold Ephraim 66
Leverkus, Carl 135–137, 144
Ley, Robert 174
Liebig, Justus von 136
Loewe, Siegmund 98f.
Lüdemann (Familie) 180–187
Lüdemann, Amalie (verh. Peters) 181
Lüdemann, Emil 180
Lüdemann, Gustav 181
Lüdemann, Hans 181, 186
Ludwig VI., Landgraf von Hessen-Darmstadt 48
Lüps, Werner 220

Mahle, Hermann 63
Mann, Thomas 71
Margarete von Österreich, Statthalterin der Niederlande 36
Markewitsch, Fjodor 176
Mast (Familie) 211
Mauser, Franz Andreas 147
Maximilian, König von Böhmen 41
Maximilian I., Kaiser des Heiligen Römischen Reichs 38, 234
Merck (Familie) 23, 45–50, 63
Merck, Elisabeth Katharina (geb. Kayser) 48
Merck, Emanuel 48–50
Merck, Jacob Friedrich 46, 235
Metternich, Klemens Fürst von 69
Miele (Familie) 66, 225
Miele, Carl 224, 239
Miele, Markus 224
Mohammed Zahir Schah, König von Afghanistan 126
Mohn, Liz 113
Mohn, Reinhard 113
Mommsen, Hans 174, 176f.
Murr, Wilhelm 97

Napoleon I., Kaiser der Franzosen 56
Naumann, Friedrich 94
Neufforge, Hedwig von *siehe* Thyssen, Hedwig
Nicolai, Friedrich 67, 73
Niederegger, Johann Georg 209
Niederstein, Klaus 33

Niederstein, Luise *siehe* Dresler, Luise
Niederstein, Paul 29–31, 33 f.
Niederstein, Werner 32

Oetker (Familie) 22, 26, 242
Oetker, August 209
Olearius, Christian 55
Osteroth, Reinhard 175

Paine, Thomas 69
Paul, Marcel 177
Pels, Henry 150
Pelzer, Hedwig *siehe* Thyssen, Hedwig
Peter II., Kaiser von Brasilien 123
Peters, Charlotte 180–187
Peters, Jochen 180–187
Picasso, Pablo 205
Piëch (Familie) 177 f., 240
Piëch, Anton 173, 178
Piëch, Ferdinand 175, 178
Piper, Reinhard 206
Plumpe, Werner 15–28
Porsche (Familie) 173, 177 f., 240
Porsche, Ferdinand 166–177, 240
Porsche, Ferdinand Alexander 166, 175

Quandt (Familie) 145, 156, 159
Quandt, Emil 145 f.
Quandt, Gerhard 146
Quandt, Günther 145–155
Quandt, Harald 148, 154
Quandt, Hedwig (geb. Draeger) 145
Quandt, Herbert 154
Quandt, Magda *siehe* Goebbels, Magda
Quandt, Stefan 154
Quandt, Susanne *siehe* Klatten, Susanne
Quandt, Werner 146
Quandt-Langenscheidt, Gabriele 154

Randlkofer (Familie) 209
Rasch, Julius 118
Rathenau, Emil 23
Rathenau, Walther 23
Reclam, Anton Philipp 66–73, 236
Reclam, Auguste Susanne *siehe* Baumann, Auguste Susanne
Reclam, Carl Heinrich 67
Reclam, Ernst 71 f.
Reclam, Hans Emil 71
Reclam, Hans Heinrich 69–72
Reclam, Heinrich 72
Reemtsma, Alwin 25
Reemtsma, Philipp 25
Rem, Lucas 42
Rethmann, Norbert 63
Riegel, Hans 210
Ritschel, Magda *siehe* Goebbels, Magda
Ritter, Alfred 210
Rockefeller (Familie) 243
Roosevelt, Theodore 222
Roßmann, Alice *siehe* Schardt-Roßmann, Alice
Roßmann, Dirk 188
Rothschild (Familie) 18, 57, 243
Rothschild, Amschel Mayer von 18, 56
Rüb, Ludwig 92
Rudolf II., Kaiser des Heiligen Römischen Reichs 43
Rumpff, Carl 137
Rumpff, Clara (geb. Bayer) 137

Sachs, Georg 150
Sauckel, Fritz 160
Schaeffler (Familie) 63
Schaeffler, Georg 230
Schaeffler, Georg, jun. 230 f.
Schaeffler, Maria-Elisabeth 230 f.

Schaeffler, Wilhelm 230f., 240
Schardt-Roßmann, Alice (verh. Roßmann) 188
Schickedanz, Grete 114
Schickedanz, Gustav 114
Schickedanz, Madeleine 115
Schiff, Paul 61
Schiff, Rosa *siehe* Warburg, Rosa
Schiller, Friedrich von 66f.
Schmiedeknecht, Heyo 217
Schmitz, Wilhelm *siehe* Schmitz-Scholl, Wilhelm
Schmitz-Scholl, Elisabeth (verh. Haub) 218
Schmitz-Scholl, Karl 218
Schmitz-Scholl, Karl, jun. 218
Schmitz-Scholl, Luise (geb. Scholl) 218
Schmitz-Scholl, Wilhelm (eigtl. Wilhelm Schmitz) 217f., 238
Scholl, Luise *siehe* Schmitz-Scholl, Luise
Schönmann, Minna 77
Schopenhauer, Arthur 70
Schröder, Gerhard 162
Schwabe, Benno 73
Schwarz (Familie) 63., 226
Schwarz, Eduard 118
Schwarz, Hugo 228
Seebohm, Johanna *siehe* Duisberg, Johanna
Shakespeare, William 69
Siemens (Familie) 23, 26, 108, 156f., 160
Siemens, Carl 107
Siemens, Christian Ferdinand 106
Siemens, Werner von 23, 106–108, 237, 244
Siemens, Wilhelm 107
Sihler, Helmut 220
Smith, Adam 154, 235
Speer, Albert 174
Spoerer, Mark 193, 195
Stalin, Josef 167, 170
Steiff, Margarete 116, 222, 238
Steiff, Richard 222
Streb, Jochen 108f.
Stremmel, Ralf 132
Stresemann, Gustav 132

Tassis, Franz von 39, 234
Tassis, Janetto von 234
Tassis, Jeremias von 42
Tassis, Johann Baptist von 36f.
Tasso, Amadeo 38
Taxis, Lamoral Graf von 43
Tengelmann (Familie) 238
Tengelmann, Emil 63, 218
Tereschenko, Iwan 176
Thurn und Taxis (auch Tassis; Familie) 36–44
Thurn und Taxis, Albert von 41
Thurn und Taxis, Gloria von 41
Thurn und Taxis, Johannes von 41
Thurn und Taxis, Lamoral II. Graf von 43
Thyssen (Familie) 74–85, 89, 133, 160
Thyssen, Amélie 88
Thyssen, Anita (verh. Gräfin Zichy) 78, 85, 88
Thyssen, August, jun. 75–77, 81, 83–85
Thyssen, August, sen. 24, 74–85, 87, 238
Thyssen, Christine 79
Thyssen, Friedrich 79–81
Thyssen, Fritz 77f., 81, 83, 85, 87–89
Thyssen, Hedwig (geb. Pelzer) 76, 81–83
Thyssen, Hedwig (verh. von Neufforge, von Berg) 82–85
Thyssen, Heinrich *siehe* Thyssen-Bornemisza de Kászon, Heinrich Baron
Thyssen, Joseph 81, 84

Thyssen, Katharina (geb. Thyssen) 80
Thyssen, Nikolaus 79f.
Thyssen-Bornemisza de Kászon, Heinrich Baron (eigtl. Heinrich Thyssen) 75, 78, 81, 84f.
Tietz, Hermann 240
Timmerberg, Helge 200–206, 208
Tirpitz, Alfred von 125
Tolstoi, Lew Graf 72
Trommsdorff, Johann Bartholomäus 48f.
Trumpf (Familie) 188, 229
Trumpf, Anna 228
Trumpf, Christian 228f., 239

Ulrich, Herzog von Württemberg 42

Verne, Jules 141
Vieweg, Friedrich 67
Villeroy (Familie) 64
Villeroy, Nicolas 235

Walz, Hans 96–99
Warburg (Familie) 51–62
Warburg, Aby (Abraham) Samuel 58–61
Warburg, Elias 58
Warburg, Gerson 51, 53f., 56–58, 236
Warburg, Gumprich Marcus 51–54
Warburg, Hela (geb. Heckscher) 53
Warburg, Juspa-Joseph 52
Warburg, Marianne 59
Warburg, Moritz 60
Warburg, Moses Marcus 51, 53f., 56–58, 236
Warburg, Rosa (verh. Schiff) 61
Warburg, Röschen (geb. Hausen) 54
Warburg, Sara (Särchen) 54, 58–62
Warburg, Siegmund 60, 62
Weidmann, Moritz Georg 67
Welser (Familie) 40, 234
Werhahn, Franz 216
Werhahn, Heribert 217
Werhahn, Hermann Josef 216
Werhahn, Libet (geb. Adenauer) 216
Werhahn, Magdalena (geb. Kallen) 216
Werhahn, Peter 216
Werhahn, Peter Wilhelm 216, 237
Werhahn, Wilhelm 216f.
Werlin, Jakob 169f., 174
Werner, Karl 134
Wertheim, Abraham 238
Wertheim, Georg 238
Wertheim, Hugo 238
Wertheim, Ida 238
Wescott, Johann Friedrich 23, 136, 237
Wilhelm, Prinz von Baden 120
Wilhelm I., König von Preußen 121
Wilhelm II., Deutscher Kaiser 65, 125f., 129–131, 134
Wittmann, Reinhard 68
Wörz, Margarete *siehe* Bosch, Margarete
Würth (Familie) 63, 200–208
Würth, Adolf 202f., 240
Würth, Bettina 207
Würth, Carmen 203
Würth, Reinhold 200–208, 240

Zähringer, Arnold 92
Zichy, Anita Gräfin *siehe* Thyssen, Anita
Zichy-Thyssen, Claudio Graf 78
Zichy-Thyssen, Federico Graf 78
Zinkann (Familie) 225
Zinkann, Reinhard 224, 239
Zinkann, Reinhard, jun. 224

BILDNACHWEIS

Vorsatzgrafik: Alfried Krupp von Bohlen und Halbach-Stiftung / Anne Stoll
Seite 60: Warburg Bank
Seite 70: Reclam Verlagsarchiv
Seite 83: thyssenkrupp Corporate Archives, Duisburg; Fotografin: Gertrud Hesse
Seite 95: Bosch
Seite 105: Faber-Castell
Seite 108: Ullstein Bild / Süddeutsche Zeitung Photo
Seite 113: NOECKER / DPA
Seite 122: Historisches Archiv Krupp
Seite 131: ©Eastblockworld.com, Friedrich Krupp GmbH
Seite 150: SCHERL BILDERDIENST/INTERFOTO
Seite 171: HUGO JAEGER / TIME LIFE PICTURES / GETTY IMAGES
Seite 175: k. A.
Seite 195: Draiflessen Collection, Mettingen
Seite 203: Würth
Nachsatzgrafik: bpk / Georg Büxenstein Co

Industriearchitektur: Die AEG-Turbinenfabrik in der Huttenstraße 12–19 im Berliner Ortsteil Moabit wurde von Peter Behrens erbaut.